U0648555

一本提高孩子创造力、想象力和社交能力的游戏指南！

Au secours ! mes petits-enfants débarquent Jeux et activités à la maison

快来帮帮我，我们要做游戏了！

[法] 皮埃尔·勒卡姆 著　时征 译

北京联合出版公司
Beijing United Publishing Co.,Ltd.

谨将本书献给我亲爱的孩子们：
马丁、安娜、雷欧以及还未诞生的小家伙们……

作者介绍

文字作者

皮埃尔·勒卡姆出生在法国格勒诺布尔市，是一位资深的媒体记者和出版人，先后在多家知名出版社工作，担任《米卡多》杂志总编辑十多年，是《动画日报》的联合创始人。皮埃尔·勒卡姆已出版了多部和青少年相关的作品，深受广大读者的喜爱。

插画师

普兰塞斯·H是著名的插画师和资深的特约撰稿人，也是深受9–13岁女孩喜爱的杂志《茱莉》的专栏作者，为连载漫画专栏《茱莉日记》撰写剧本和创作插画。应法国日报《十字报》（*La Croix*）的邀请，从2016年1月起，普兰塞斯·H成为《十字报》的特邀专栏插画师。

迪图瓦纳是著名的平面设计师和插画师，为众多儿童图书、杂志、报纸及电视节目提供设计和插画。他参与了由Plume de Carotte公司出版的《当自然启迪科学》《大自然的线索》《名树的故事》《当大自然赋予作家灵感》以及"快来帮帮我"丛书的插画工作。迪图瓦纳的作品很多，可访问www.titwane.fr来了解。

拯救做游戏时"无助"的爸妈们

　　终于周末（放假）啦！如果不想外出，或者天公不作美，外面下着雨（太冷或者空气不好），全家就只能宅在家里了。在大多的时间里，孩子们可能窝在沙发里，不吃也不喝，只是盯着手中的手机或电视屏幕；也可能是兴奋地上蹿下跳，也不知道在折腾个什么劲儿。有时候孩子们也会希望和爸妈一起做点有趣的事，譬如做游戏，来打破这种沉闷和无趣。可是做什么游戏才能调动宝贝的兴趣？怎么做呢？"我也没有主意啊，我该怎么办啊，谁来帮帮我啊！"

　　爸妈们，别担心，这本书来帮你们了！通过参与书中这些丰富多彩的游戏，孩子们的假日将不再枯燥，他们会玩得更开心、更有收获。不仅孩子们提高了创造力、想象力和社交能力，大人们也能从中获得乐趣，亲子关系将更加密切。

读这本书的时候，我们会惊讶地发现：喔，原来做游戏所需要的材料很多都可以从家中找到——在抽屉里、工具箱里、针线包中，甚至是那些即将丢弃的废纸和包装盒，也都能加以利用。

也许就只是简单的一张纸、一个空瓶子、几枚不配套的纽扣或几本旧杂志，都能为孩子们做游戏和开展活动提供支持。发现家中的这些"宝藏"后，便可以和孩子们一起享受"发掘"所带来的小乐趣了。猜谜语、跳皮筋、手工编织、推倒多米诺骨牌……这些都不会占用太多的时间，没有什么难度，也不需要什么复杂的技术。

如果孩子们年龄还小，没办法参与到手工制作或是其他复杂的游戏当中该怎么办？那就给他们讲一些精彩的故事，带着他们一起做做早操，一起筹划一场精彩的家庭演出，或是在浴室洗澡时和他们一起组建一支"舰队"，漂在浴缸中也能增加洗澡的乐趣。

　　总之，这本书就像一个百宝箱，孩子们能够从中获得足够多的快乐，并留下难忘的童年回忆。

　　怎么样，还担心孩子们在周末（假期）感到无聊吗？绝对不会啦！来吧，和孩子们一起做游戏！

目 录

让身体动起来！

用双手实现创意

一起让家更漂亮！

和家人一起，超开心

几条实用建议

爸妈们，请提前做好准备

首先，需要说明的是：虽然游戏活动所需要的材料大多都能在家中方便地得到，但也不是一拿起来就可以开始的。

因此，需要在和孩子们在一起游戏之前就做好准备。

大家也不用过多担心没有时间来准备。虽然孩子们会经常和大人形影不离地腻在一起，但也有孩子们不在身边的时候。在这段时间里，我们完全会有足够的时间来做好准备。

收纳箱、抽屉和鞋盒

需要准备的工具

- 一把小巧的剪刀
- 一把能够应付较多操作的剪刀（比如，能够剪开较厚的纸板、较粗的皮筋……）
- 一把切边锋利的小钳子
- 一把伸缩裁纸刀和配套刀片
- 一把小刀
- 直尺和圆规
- 一盒彩色铅笔（质量要好，数量倒未必要很多）
- 普通铅笔和转笔刀
- 白色的橡皮，为了使用方便，可以提前切成三角形
- 一大盒宽头水彩笔和一盒细头水彩笔（记得盖好笔帽）
- 一管液态胶水，一支固态胶棒，一卷胶带
- 一盒曲头钉、回形针（曲别针）和大头针
- 一卷线绳
- 若干晾衣夹
- 一把胶枪（胶对于很多材质都具有较快的黏合效果，所以使用时要格外小心）

上面这些东西集中放在什么地方才能方便取用呢？
标题已经给出了答案——家中的收纳箱、抽屉或鞋盒里！

注意事项

1. 搭建一个临时的可移动手工台，并准备一块塑料台布和一些旧报纸（在涂画着色的时候会用到）。

2. 准备一件穿旧了的、打算丢弃的T恤衫。

3. 提前阅读《准备清单》，配齐所有材料。

4. 大部分孩子都爱玩儿，什么准备都不愿意做，只想要玩儿和休息。如果是这样，你也不用生气，因为玩耍对于他们来说才是必不可少的。而相对应的，做好计划和安排，大人则可能有比较多的时间来做准备。

5. 不必事事都纠正他们，那样会消磨他们的才能和个性。

6. 不过大原则还是要有的，那就是："一旦开始了，就不能半途而废。"

7. 在游戏和活动时，最好关掉广播和电视，因为广播电视的声音和画面会分散孩子们的注意力。

8. 在游戏或活动过程中，有时候需要保持沉默，等待问题自己出现。

9. 与孩子们一起做游戏，但也不能荒废了学校的作业。与孩子约定在何时何地完成作业，并且需要负责监督他们。

10. 有些手工无法一次完成，比如需要等胶干了再涂色，或是需要先等植物生长出来再继续后面的步骤。

请牢记以下几点

– 操作过程本身并不重要，重要的是爸妈和孩子们在过程中所建立的关系。

– 要让孩子们学会管理时间，并培养他们专注于同一件事的能力。

– 要聆听孩子们的观点和问题，并用自己的话来回答他们。

安全第一

下面这些建议需要爸妈注意，但也不必太过担心。

先带着孩子们在房子中转一圈，可以一边看一边教他们一些注意事项。

在厨房中，要让孩子们远离火柴和刀具（因为孩子们的年龄较小，所以最好不让他们自己操作）。把厨房里的清洁用品（洗涤剂等）放在孩子们够不到的地方。注意烤箱和微波炉的门是否关紧。检查一下椅子是否结实，尤其是那些高凳。

浴室是一个有趣的地方。不过，一些日化用品一定要放在孩子们够不到的地方。无论是淋浴还是坐浴，都不要把婴儿单独放在尿布台上，也不要在给婴儿洗澡期间去开门或是接电话：在20厘米深的水中，短短几秒钟的时间就可能导致婴儿溺水身亡。妥善放置剃须刀、剪刀和吹风机，谨防触电。

在卧室和客厅，要记得检查电源插座和电器的连线，留意家用电器的摆放，以免一不留神被电器连线绊倒而发生事故！另外，还要提醒一下，有些室内植物可能是有毒的，要谨慎摆放。

在窗边或是在阳台及露台上，不要摆放家具，也不要让孩子单独待在这些地方。他们可能会向外边乱丢东西，也可能会对外边感到好奇而将身体探出窗外。要注意楼梯和电梯的安全，要告诫孩子们那些按钮不是玩具。不要让孩子们单独进到地下室、阁楼或车库中，并告诉他们：这些地方都很危险！要跟他们强调，旧的冰箱、冰柜或橱柜并不是捉迷藏的好地方。

让身体动起来！

让身体动起来

带上跳绳和皮球到公园去

"孩子们在房间里太吵了,也许带他们去公园里玩儿是个不错的主意——只要别忘记吃饭!准备好了吗?那么一会儿见!"

在家的附近,总会有一些城市公园。在学校放假的时候,公园就是可以利用的绝佳场所。孩子在公园里可以与其他孩子一起玩耍,他们一起喊叫、奔跑、开怀大笑、比赛、吵闹,甚至还能推选出一个孩子王。而当公园里没有其他孩子一起玩的时候,就需要提前准备好皮球和跳绳了。

跳绳

年龄:7岁以上
人数:4人
道具:1根绳子

跳绳有七种不同的玩法,每个人都可以参与其中,但需要指派一名裁判,他以吹哨来开始和结束比赛。

4. 捕蛇达人:一名游戏者使跳绳像蛇一样在地面随意扭动,另一名游戏者则争取用脚踩住绳子。

1. 躲避雷达:一名游戏者以自己为轴,让跳绳贴着地面旋转,其他游戏者在绳子扫过时跳起来,避免被绳子打到。

5. 双人同步:两名游戏者面对面站立,其中一人摇绳,两人同时跳跃。

2. 飞檐走壁:把跳绳笔直摆放在地面上,参与游戏者像走钢丝一样在跳绳上走过。

6. 鱼跃龙门:两名游戏者各持跳绳的一端相对站立,并同向摇动跳绳,第三名游戏者跳入、完成跳跃,然后跳出,但不被绳子碰到。

3. 平衡跳跃:两名游戏者各持跳绳的一端相对站立,另外一名游戏者在中间,摇绳者同向摇动跳绳,中间的人在每次跳绳摆过时跳跃。

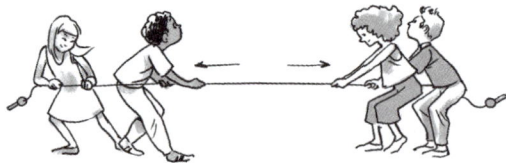

7. 拔河比赛:游戏者分成两个小组,分别从两端拉拽绳子,争取把对方拉过来。

14

抛接皮球13式

年龄：7岁以上
人数：2人或以上
道具：每人1个皮球

这个游戏需要在一面足够高的墙前边来进行。每个人一边报数，一边依次完成 13 个不同的抛接球动作。如果做错或失误了，就要重新开始。

1. 自由发挥：用任何方式接球。
2. 不许动：接球时双脚不能移动。
3. 右手：用右手接球。
4. 左手：用左手接球。
5. 右脚：在抛接球时，右脚单脚站立。
6. 左脚：在抛接球时，左脚单脚站立。
7. 小击掌：在接球之前先拍一下手。
8. 大击掌：在接球之前，在身前和身后各拍一次手。
9. 小回环：在接球前，双臂伸直做一次圆周运动。
10. 大回环：在接球前，双臂伸直向前和向后各做一次圆周运动。
11. 小旋转：在接球前，以脚为轴原地旋转一圈。
12. 大旋转：在接球前，以脚为轴原地旋转两圈。
13. 蹲起：在接球前，先完成一次蹲起。这个动作可以一次完成，也可以大家一起玩儿，只要墙和地都足够宽敞。

变化

对于年龄更小的孩子，可以借助一首儿歌来做游戏：

"小皮球 / 好可爱 / 蹦蹦跳跳不回来。"在唱这句的时候，在地上拍一下皮球，并用手接住。"追回来 / 追回来 / 把你放进我的怀。"在唱这句的时候，把皮球塞进 T 恤或裙摆的下边。

监督和引导，两不误

作为孩子的父母，对于有些游戏来说，要监督和引导孩子们正确地参与其中，具体可能出现以下几种情况。

1. 教会他们如何游戏： 作为裁判或是游戏传授者，爸妈会教给他们一些更复杂的游戏，给他们传授经验，然后调整游戏的规则。

2. 提供游戏所需的条件： 把一切都准备好，安置好。给他们提供进行游戏的必要环境，让他们自己在游戏中找到乐趣，树立信心。

3. 让他们自由游戏： 爸妈并不直接参与到他们的游戏和活动当中，只是陪在旁边，随时提供帮助。

4. 和他们一起游戏： 爸妈也参与到游戏当中，成为他们中的一员。无论是作为搭档还是对手，爸妈所要关注的是时间和安全问题。

5. 什么都不做！ 和孩子们一起时不用做什么，一起聆听宁静，一起做白日梦，享受偶尔停下脚步所带来的小幸福。

吹气球

将一个橡胶气球拉伸开，将嘴唇贴在气球口上，向里面吹气，使气球充气膨胀起来，然后在开口处打个结。搞定！

看谁的气球最先漏气

最好选择一个天气晴朗的日子，在户外进行。

年龄：4 岁以上
人数：3 到 7 人为宜
道具：一小袋气球、报纸、橡皮筋、细绳、剪刀、一个吹气球用的小充气泵

看谁最快把气球运到终点

这个游戏的目标就是一边行走一边用报纸卷拍打空中的气球，在气球不落地的情况下到达指定地点。比赛前需要先给气球充好气，并系好口。把报纸卷成筒状，用橡皮筋或胶带固定好。

选定一个比赛距离，但不要太长！

每个参赛者都要在行走的过程中，不断用报纸卷拍打空中的气球，使其保持在空中。一旦气球掉到地上，就要重新开始。

第一个到达终点的人就是胜利者。

追根溯源

"气球"这个词在法语中曾经是指牛或羊的半透明状腹膜，它们被用于制作一些充气物品。后来，气球的原材料被换成了橡胶。现在，气球也有了各种各样的颜色。

看谁的气球飞得最久

游戏的目标就是参赛者双手背后，从下面吹气，让气球在空中保持尽可能长的时间。在比赛前需要先准备好几个充好气的大气球。

游戏规则跟足球的规则有些类似，除了从地上把掉落的气球捡起来重新开始比赛之外，禁止用手触球。一旦起风，这个游戏就无法继续进行了，哪怕只是很小的微风！

看谁的气球不会被踩爆

把气球绑在参赛者的脚踝上。游戏的目标是每个参赛者要努力踩爆其他人脚踝上的气球，同时还要保护自己的气球不被踩爆，最后留下来的人就是获胜者。比赛开始前，需要先用线把充好气的气球系好。要选择一块相对宽阔、空旷的场地，这样游戏能够进行得更久一点儿。

米其林轮胎人

将孩子们分为两个组。

每个小组都有一分钟时间来给他们的一个成员穿上 XXL 尺码的 T 恤，并塞入充好气的气球，把他装扮成米其林轮胎人的形象！为了更方便操作，最好不要给气球充太满的气：一般在规定的时间内，都能够塞入 10 多个气球。计时结束后，每个小组要帮他们的米其林轮胎人"脱下外衣"：哪个组在规定时间内塞进去的气球最多，哪个组就获胜了。

米其林轮胎人的形象是在 1894 年由轮胎制造商米其林发明设计出来的，最初的构想者是看到了一堆轮胎被堆积成圆滚滚的人形而得到了灵感。

爷爷！

手工制作皮球

　　跟孩子一起动手做一个不会四处乱蹦乱弹的皮球！这样既可以享受安宁的时光，也能让孩子们有可玩的东西。在爸妈进行指导之前，可以让孩子自己试试，也许他会有什么奇思妙想呢。

年龄：4岁以上
人数：一个孩子（由一个大人带着）
道具：几个不同颜色的气球、面粉、塑料瓶和剪刀

选取四个气球，其中三个颜色相同，而另一个颜色不同。

先给这几个气球多次充气和放气，使气球变得更为松弛。然后反复拉伸和捻动气球的充气口。

在塑料瓶中装入大约100克面粉，把气球的充气口套在瓶嘴上，然后倒转过来，面粉便会进入气球里面。在操作过程中，用手揉动气球，将其中的气体排出。在气球装满面粉后，将充气口剪掉。

拿过第二个相同颜色的气球，也同样剪掉充气口。

把第二个气球反方向套在第一个气球上，就好像给它戴了个泳帽。

第三个相同颜色的气球也按照上面的方式进行相同的操作。

最后取过第四个不同颜色的气球，将它的四个角分别剪掉。

然后把它套在前面做好的气球外边，皮球就制作完成了。

每个孩子可以选择不同颜色的气球来制作属于自己的皮球，这样容易区分开来。

弹珠游戏

弹珠是很受孩子们喜欢的物品，常常根据一些游戏规则，在孩子们的手中流转着。有时候，它们会被孩子们当作简单的收藏品，或是被制作成很复杂的小玩意儿！不管那么多了，一起来玩弹珠游戏吧。

当啷！

弹珠游戏

游戏的目标就是通过比赛获得更多的弹珠。

一共有三种不同的弹珠方法。

参与游戏的孩子需要选择其中一种方法，因为其他方法可能会导致弹珠的滚动速度过快或无法控制。

年龄：6岁以上
人数：2到5人
地点：不下雨天气的户外，一块光滑的地面做场地
道具：每人10颗弹珠

1. 弹珠：用食指与大拇指围成一个环，然后食指突然弹出，推动弹珠前行。

2. 推珠：手心朝上，将弹珠放在食指和中指之间，而大拇指则顶在弹珠后面，然后用力推出：弹珠便会沿水平方向滚动出去。

3. 跳珠：同样将弹珠放在食指和中指之间，把大拇指顶在弹珠后面，然后用力推出。不同点在于这一次手心的方向与地面垂直。弹珠会先在空中划出一道弧线，然后才落到地面上。

追根溯源

这些弹珠在不同地区有着不同的名字，也会根据它们的大小和颜色不同，而被称为玛瑙珠、珍珠、玻璃翠、猫眼、橄榄帽、滚珠等。

在过去，孩子们是从大自然当中找那些天然的圆形果实来游戏的，比如小核桃、橡果、榛子或是圆形的小石子。而如今，大部分都是玻璃弹珠了。这些玻璃弹珠会被孩子们保护得好好的，装在口袋里的时候，还要时不时地摸一下，生怕弄丢了。在学校里，这些玻璃弹珠可是孩子间的"流通货币"呢。

年龄：6岁以上
道具：一小块油布、一根1米长的彩色鞋带、一枚塑料束绳扣（小商品市场可买到）。

玻璃弹珠金字塔

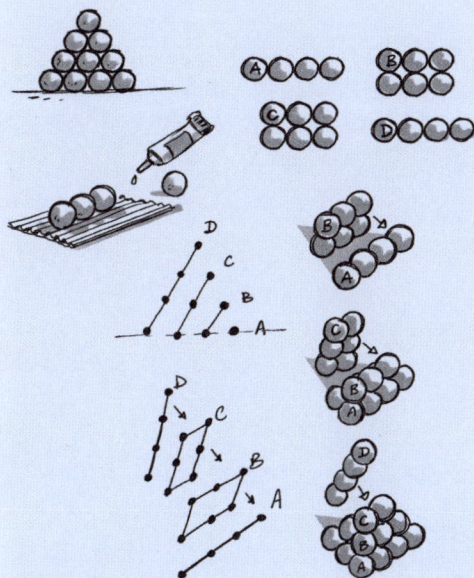

19

弹珠袋

　　将油布裁成盘子大小的圆形，在圆形的边缘用锥子钻一圈小孔，两个小孔的间隔为2厘米左右。将鞋带从小孔中依次蛇形穿入，然后拉紧鞋带的两端，弹珠袋就成型了。再安上塑料束绳扣，就可以任意打开或闭合袋口了。

看谁的弹珠能击中对方

　　第一个游戏者将弹珠弹向墙壁，弹珠经过反弹后折回并停住。

　　第二个游戏者用同样的方法用力将自己的弹珠也弹向墙壁，并争取让弹珠在折回的过程中击打到对方弹出的弹珠。

　　大家依次进行游戏，而击打到对方弹珠的人就是获胜者。

看谁的弹珠回弹得最远

　　每名游戏者依次将弹珠弹向墙壁，使弹珠经过反弹后折回。但要避免自己的弹珠在回弹的过程中击打到对方的弹珠。谁的弹珠回弹得最远，谁就是最终的获胜者。

　　这个游戏的目标是和孩子们一起制作一个金字塔形的复杂玩具。在这个过程中，会用到一些玻璃弹珠和少许特种的玻璃胶。

　　将4枚玻璃弹珠并排放在瓦楞纸板上，这样它们在黏合的过程中不会四处滚动。在涂抹玻璃胶的过程中一定要小心，然后等胶慢慢变干。接下来，按照上图所示，用同样的方式来黏合其他几组玻璃弹珠：其中一组4枚，另外两组6枚。等到上面的玻璃胶彻底变干之后，这几组玻璃弹珠就会变得非常牢固。

奇妙： 用这四组玻璃弹珠，如何才能组合成底部为三角形的金字塔呢？

请按照以下步骤来操作：

1. 如上图所示，将几组玻璃弹珠按顺序摆放好，每组弹珠的底部都与桌面保持水平，这就是金字塔的三角底座。

2. 再将四组玻璃弹珠以图示的方法按顺序依次粘好。

餐桌前的游戏

所有人都饥肠辘辘地坐在餐桌前的椅子上了，不过饭还没有做好。怎么才能让孩子们再耐心地等一小会儿呢？别发愁，只需要利用餐桌旁的椅子当道具，从下面的游戏中选一个就好了。

20

吃果酱

年龄：4 岁以上
人数：5 个孩子一起玩为宜
道具：椅子

所有参与游戏的孩子在餐桌前围成一个圈坐好，左手微微张开，代表一个果酱罐子。由爸妈担任游戏发令者，当发出"吃自己的果酱"时，所有孩子都要把右手的食指放到左手里，代表在蘸果酱吃。当听到"吃公共的果酱"时，所有孩子都要把右手食指伸向桌子中间，仿佛桌子上有一大盆果酱一样。当听到"吃邻居的果酱"时，所有孩子都要把右手食指放到右边相邻之人的左手中。以上是预热阶段，当大家都熟悉每一个指令所代表的动作之后，游戏就可以开始了。游戏发令者可以通过各种方式给参加游戏的人"捣乱"，比如发布一个指令，但所做示范动作却与指令并不一致。

小窍门：只听游戏发令者说出的指令，不要去看他的示范动作。

年龄：4 岁以上
人数：4 人以上

"尊贵的陛下"

这个游戏的规则是，一个人要尽可能做到面无表情，而其他人要试图把他逗笑。在游戏开始前，需要将其中一把椅子好好布置下，当作皇帝或皇后的宝座。坐在上面的人要保持无动于衷。然后其他人依次走上前去为他献上"礼物"。在这个过程中，送礼的人可以做鬼脸，也可以假装卑躬屈膝，目的就是把宝座上的人逗笑！

小窍门：所送的礼物越是荒诞不经，效果可能会越好（比如一小片纸、一张旧车票之类的）。

你好，邮差

年龄：4 岁以上
人数：5 人为宜
道具：椅子数把，数量要比
参与游戏的人数少一把

在游戏中，每个孩子用他们的出生城市当作自己的名字，如果有重复的，那么其中一人可以自己选择另一个城市作为自己的名字。一个孩子扮演"邮差"，当他说出一封信从"巴黎"被寄到了"马赛"，代表着两座城市的两个孩子就要立刻互换一下位置。

邮差也可以发布特殊指令，比如："总分发"（所有人都要变换位置）或"总罢工"（所有人都要重重地喘一口气）。当一轮游戏结束后，会更换一名新的邮差，再重新开始。

一分钟有多长？

年龄：8 岁以上
人数：2 人一组参与游戏，
其他人做观众
道具：几把椅子

两名参与游戏的孩子背对背坐着，其他人作为观众围坐在四周。大家都要保持安静！随着游戏组织者的一声拍手，游戏开始。两名参与者需要自己估算出一分钟的时间，然后在一分钟（估算的）结束时静静地站起来。谁估算的时间最接近一分钟，谁就是获胜者。可以使用任意一个家用计时器作为"裁判"。每个孩子对时间概念的认知，真的有很大差异哦！

年龄：6 岁以上
人数：5 到 6 人
为宜

这是我的鼻子

由游戏的组织者率先开始，他会向着参与游戏的第一个人，然后触摸自己身体的某一部分，但口中却说出身体的另一部分名称。第一个人听到后会站起来，然后面向他左边的人，用手摸着自己鼻子，说："这是我的脚！"第二个人听到后也会立刻站起来，对他左边的人说："这是我的膝盖！"但却用手拍一下自己的脚。游戏就如此继续下去。每个人都要用手来触碰前一个人所提到的身体部位，然后用语言传达给下一个人完全不同的另一个身体部位。

小窍门： 在游戏中慢慢学习如何分辨表达的内容与展示的部位之间的不同。

看谁知道的多！

这个游戏总是会为参与者增加额外的难度，让他们很难获胜。至于下一轮，那就又是不同的领域了。简直是"变幻莫测"！

比如，请列举出可供人们坐下的物品：板凳、沙发、安乐椅、牙科用椅、小推车、摇椅、酒吧高脚凳、秋千、列车坐席、野营用折叠椅、马鞍、自行车座……呃，还有什么？

捉迷藏，一切全凭感觉！

孩子们会被突然而来的黑暗所吸引，因为它是如此神秘而又可怕。在黑暗中做游戏，可以让孩子们学会克服恐惧。他们叫喊，他们聆听，接下来他们就放心了，然后他们相互拥抱表示庆祝。他们的欢笑声回荡在房间中，久久不会散去！

蒙眼骑士

年龄：4岁以上
人数：3人以上为宜
道具：1条蒙眼带

这个游戏的名字起源与一位名叫科林的古代骑士有关。科林因为擅长使用战锤，而被大家叫作"锤神"，不过在一次战争中，他被击中了面部并不幸失明了。

游戏的规则是这样的：在一个限定的空间内（比如一间很大的房间、客厅或走廊），一个游戏者扮演"科林"，他会被蒙住双眼，他需要依靠触觉去抓住其他游戏者。在游戏开始前，扮演"科林"的游戏者需要先在原地转上数圈，使自己无法准确辨认出所处的方位。其他游戏者通过发出声音或是用手触碰来吸引他的注意。当他靠近某些危险物品时，其他游戏者会喊"停"提醒。当他抓住某个游戏者时，需要努力辨认出对方的身份。辨认身份时，他最多只能猜三次。

闻声缉盗

年龄：4岁以上
人数：至少3人，除了1人之外，其他人都会被蒙住双眼
道具：蒙眼带若干条（与总人数少一），1只铃铛

这个游戏和前面介绍的恰恰相反，只有一个参与游戏的人不用蒙住双眼，但他会佩戴一个铃铛。其他人会通过铃铛所发出的声音来试图抓住他。

我们都是沙丁鱼

年龄：4岁以上
人数：至少5人

首先，参与游戏的人都要先大声地从1数到100，但其中一个游戏者要利用这段时间躲藏到指定地点。

当数到100之后，大家开始寻找藏起来的小伙伴。发现他的人要趁其他人不注意的时候，也悄悄躲到他的藏身之处。有时候，当两个人在同一个地方遇到了，还要假装没发现这个藏身之处似的，然后再趁人不备自己也藏起来。随着藏起来的人越来越多，躲藏处也会变得越来越不舒服，大家紧紧贴在一起，就像沙丁鱼罐头中的沙丁鱼一样（这也是游戏名字的由来）。游戏继续进行，直到最后一个人也找到这里并钻进来，大家一齐喊："我们都是沙丁鱼！"然后，进行下一局！

要小心家里的电线、易碎品和那些容易碰倒的物品。把用不到的门都关好。

蒙眼带

把孩子的眼睛蒙起来并不会伤害到他们。恰恰相反，这些小游戏会帮他们克服对黑暗的恐惧。一般来说，在游戏中，我们会使用蒙眼带来遮住光线眼睛，或者把毛线帽拉低来遮住眼睛，也可以使用束发带或眼罩。

猎人和小鹿

年龄：6岁以上
人数：4人以上
道具：2条蒙眼带、1张大桌子

如果家里有一间空车库和一张大个的乒乓球台，那么这个游戏就是为孩子们量身定做的！当然，还可以叫上邻居家的孩子一起玩。这个游戏讲述了一个猎人追捕小鹿的故事，不过"小鹿"非常机灵，"它"所要做的就是不要被"猎人"触碰到。

两个游戏者一组，他们的角色分别是小鹿和猎人。两个人都会被蒙住眼睛，并且分别站在桌子的两侧。在整个游戏过程中，两个人都要保证其中一只手不能离开桌子。当"猎人"用另一只手触碰到"小鹿"的时候，游戏就结束了。

年龄：6岁以上
人数：5人以上
道具：2条蒙眼带、1条丝巾

罗密欧与朱丽叶

"啊！罗密欧，为什么你是罗密欧呢？"爸爸问道。"这可是一位叫作莎士比亚的大文学家所写美丽爱情故事的主人公……"妈妈补充道。

两个参与游戏的人都要蒙上眼睛，分别扮演罗密欧与朱丽叶。

其他人都是观众。可以用椅子或沙发来圈定游戏空间。朱丽叶会轻声召唤："罗密欧，我的心上人。"罗密欧要试图通过声音找到她，在寻找的过程中，他也同样可以出声询问："朱丽叶，你在哪里？"但当罗密欧接近的时候，朱丽叶则要躲开他。当罗密欧用手触碰和摸到朱丽叶的时候，游戏便结束了。

变化

只蒙住罗密欧的眼睛，然后在朱丽叶的脚踝上系一条丝巾。后面的游戏规则不变！

橡皮筋还可以这么玩儿！

这个游戏可以锻炼耐力、灵活性、肺活量和记忆力，同样也可以锻炼交流能力、评估能力和创造能力。每一次游戏都是一个决策、建议和交流的机会！

跳皮筋

1. 游戏的目标是在橡皮筋上完成一系列动作。这是一种力学与美学结合的游戏，与跳绳有异曲同工之妙。

年龄：4 岁以上
人数：3 人
道具：1 条长约 3 米的橡皮筋（头尾相连，系成一个圈就可以开始了）

2. 两个人站在橡皮筋圈内，通过调整距离使橡皮筋圈绷紧，形成两条平行的线条。

3. 三个人共同决定需要完成的一系列动作。第三个人站在橡皮筋圈的中间来完成这些动作。

4. 在游戏的过程中，不断调整橡皮筋到不同高度：脚踝、膝盖、大腿、腰部、腋下。

5. 当跳皮筋的人出现失误的时候，则要和两边支撑橡皮筋的玩伴中的一人交换位置。游戏者可以给游戏增加难度，比如，使橡皮筋呈交叉状。在开始时，让跳皮筋者的左脚位于圈内，而右脚位于圈外。再从另一侧开始，让跳皮筋者的右脚位于圈内，而左脚位于圈外。

组合动作 1、2、3、4

第一步：跳起，落地时左脚在橡皮筋圈外，右脚在圈内。
第二步：跳起，落地时双脚均在橡皮筋圈内。
第三步：跳起，落地时双脚均在橡皮筋圈外两侧。
第四步：跳起，落地时双脚均位于橡皮筋圈的一侧。

中国式跳皮筋

1. 两个人将橡皮筋固定在脚踝的位置，两脚分开站立，与肩同宽，将橡皮筋圈绷紧。要给第三个人留有足够的空间，让他能够跳到圈内。

2. 第三个人要双脚站在圈内，然后完成下面的一系列动作：
双脚跳出圈外；
双脚重新跳入圈内；
一只脚跳出圈外，另一只脚踩在橡皮筋上；
双脚踩在橡皮筋上；
然后，调整橡皮筋的高度，重新开始这一系列动作。当橡皮筋的位置太高，以至于跳皮筋的人无法完成动作的时候，就换人重新开始游戏。

失误

包括：在跳的过程中被橡皮筋绊住，在橡皮筋圈内行走（除非是提前规定好的），搞混了规定动作和每一局新加入的动作。

24

你的生日是哪天？

一边跳皮筋，一边喊出每个月份的名称："一月，二月，三月，四月，五月，六月，七月，八月，九月，十月……停！"当遇到跳皮筋者出生的月份时，就不再继续报月份了，而开始报日期："1日，2日……21日！"这就是跳皮筋者的生日了，鼓掌！

按顺序完成规定动作

这个游戏的目的是让参与者在不失误的情况下完成一系列的规定动作。游戏也可以一个人来玩，只要用两把结实的椅子撑住皮筋就好了。

0. 一只脚从两根皮筋上跨过去，双脚分别位于皮筋的两侧。

1. 一只脚迈入两根皮筋之间，另一只脚则站在皮筋之外。

2. 双脚交替在两根皮筋上行走。

3. 交替在两根皮筋上行走，但保持其中一只脚站在两根皮筋之间。

4. 双脚并拢，在其中一根皮筋上跳四下，然后再在另一根皮筋上跳四下。

5. 右脚踩住一根皮筋，左脚在另一根皮筋上轻点两下；换左脚踩住皮筋，右脚完成相同动作，然后双脚并拢跳起，并落在第二根皮筋上。

6. 一只脚分别在两根皮筋上各点跳六下。

7. 一条腿绕过其中一根皮筋，另一条腿从上面迈过去，然后原地跳七下。双腿随着每一次跳动不断交叉和还原。

8. 双脚并拢，从一根皮筋上跳到另一根皮筋上，反复八次。

9. 一只脚在两根皮筋上交替跳九下，另一只脚则站在两根皮筋中间。

10. 在两根皮筋上边反复跳十下。

当游戏者出现失误的时候，就换成同伴来重新开始游戏。至于爸妈们嘛，还是踏踏实实做好裁判或是观众好了！

在浴室里组建一支"舰队"！

如今的孩子们不再怕水，这对于爸妈们来说是一个很好的机会，可以在孩子们洗澡的时候，带他们做一些有趣的活动。活动中需要的小玩意儿要自己动手制作，可以极富个性化，它们能漂浮在水面上，能带来很多乐趣，能够产生很多皂沫……当然，它们也可能会把浴室弄得到处是水！

自制"摩托艇"

年龄：8岁以上
道具：塑料的小矿泉水瓶、气球、剪刀、裁纸刀、橡皮泥和用于装饰的彩色胶带

1. 将矿泉水瓶如图示方式纵向剪开，但要保证瓶嘴和瓶颈的完整。

2. 由成年人在矿泉水瓶的底部钻一个孔，使气球的口儿能塞进去。

3. 在矿泉水瓶的前端固定一团橡皮泥，用来保持船体的平衡。

4. 给气球充好气，但要确保气球能够塞入瓶身（船舱）。将气球口塞住，使空气不会漏出。将做好的"摩托艇"放到水里，然后松开气球口，空气从气球中喷出，从而推动着小艇向前行进。

5. 最后，还可以用橡皮泥捏一个摩托艇的艇长。

奇妙的花

依照下图的样式用纸裁剪出几朵小花。将所有花瓣向花心折叠。当把这些花放入水中的时候，它们会自己开放。每个人还可以先用水彩笔或墨水不褪色的钢笔给这些小花涂上颜色，晾干，压平，再把花瓣折叠好，然后再放入水中，那会更漂亮的。

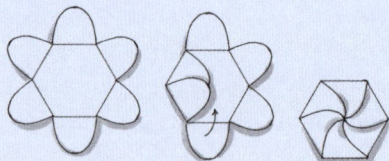

会游泳的鱼

年龄：8岁以上
道具：薄纸板、剪刀、洗洁精、洗手池或浴缸

用纸板剪出一条鱼的形状，然后如图示方式从它的尾巴到腹部剪出一条切口。

小心地将"鱼"放在水面上，然后在切口根部的小孔处滴一滴洗洁精。洗洁精会沿着切口蔓延扩散，从而推动"鱼"在水中游动。

爸妈最好提前把这些纸鱼准备好！

瓶塞做成的小筏子

年龄：8 岁以上
道具：瓶塞、牙签、橡皮筋、塑料片、胶枪、木柄折刀

根据自己的喜好，用瓶塞来制作出个性化的"小筏子"是一件很简单的事。爸妈可以使用不带齿的小刀来对瓶塞进行切割，然后再用胶枪把它们黏合在一起就好了。

抱成团的瓶塞

在浴盆旁边摆放七个瓶塞。怎么才能让它们如图所示地一起漂浮在水中呢？

窍门：将一个瓶塞放在中间，其他六个瓶塞围在它周围，然后用手紧紧捏住，把它们一起摁入水中，再慢慢提起到水面上，再松开手——七个瓶塞就一同竖直地漂浮在水面上了。

肥皂泡泡

年龄：8 岁以上
道具：1 口小锅、4 汤匙甘油、4 汤匙肥皂屑、250 毫升水、缠绕着毛线的铁丝圈

这个游戏在浴室的瓷砖和镜子前能够呈现出很好的效果，不过在阳台上或大街上也同样可以玩儿。先把各种配料混合在一起，放在锅中用小火加热，并时不时搅拌一下，关火冷却。将铁丝圈浸入液体中，使其表面挂上一层薄薄的膜。轻轻地一吹，一个泡泡就出现了。泡泡会脱离铁丝圈的束缚，在空中自由飘荡。

十几个人可以一起玩的游戏！

这些游戏需要比较多的人，所以我们恐怕要扩大游戏者的圈子了，最好是能有十来个不同年龄的人一起参与才有意思。作为大人们，在把一切安顿好之后，也可以像其他人一样参与其中。

在开始玩游戏的数天前

这里有一份供大人们参考的游戏清单，可以根据自己的想法以及在厨房、孩子们的房间、工具间或游戏场所能找到的材料来进行丰富。

26条游戏建议

- 用《茉莉花》的曲调演唱儿歌《小燕子》。
- 选取五个贝壳，然后找到它们的另一半。
- 用平常不习惯使用的那只手在纸上裁剪出心形或圆形图案。
- 在一个装满五颜六色纽扣的盒子里，找出三枚相同的纽扣。
- 给自己画一幅自画像。
- 说出五个一同参加游戏的人的名字。
- 用糖块堆金字塔，看谁堆得最高。
- 用瓜子或拼字游戏的棋子拼出自己的名字。
- 选择一个人，并给他一个大大的拥抱。
- 纫针，至少为两根针穿好规定长度的线。
- 完整地削苹果（或土豆）皮，削下的皮不能断。
- 把袜子套在手上，然后用套着袜子的双手给一根鞋绳打结。
- 不用手来做鬼脸。
- 辨认出离自己最近的一株植物的名字。
- 一边喊着"哇"，一边将一卷彩带抛出去，然后再把彩带卷好。
- 将一副牌打散洗开，然后从中找出四张J。
- 在看图识字卡片中找到两幅相关的图案。
- 用纸折叠出一个平底大口杯。
- 大声朗读出指定的句子，并在朗读过程中分别模仿恐惧和高兴的语气。
- 将一块小石板放在额头上，然后在板上写下自己的名字，并画一个圈。
- 摆出断臂维纳斯的造型。
- 倒着背字母表。
- 一边用右手在肚子上画圈，一边用左手拍打脑袋。
- 用舌头来舔自己的鼻尖。
- 将三块纸板小心地塞入三个大小不同的信封中。
- 在一大堆钥匙当中，找出那把与自己的挂锁配套的钥匙。

精心准备

在彩纸上记录下要玩的游戏，并为每一个游戏赋予一个字母作为代号。然后把它们连同做游戏所需要的材料一起，分别放置在房子的各个角落。

在孩子们到来之前

提前确认下是否一切都准备就绪了，别忘记准备好用来记分的铅笔或圆珠笔。用线绳或花环饰物在屋内设置好规定的场地界限。

这个游戏很"环保"

这个游戏的优点很多。首先，它的操作非常简单易懂；其次，游戏的特点鲜明，游戏规则也非常容易适应；最后，在游戏结束后，所有的相关道具可以装进纸箱里，等着下次家庭聚会的时候重复利用。

游戏介绍

大家好，请戴上你的节日礼帽，然后拿好你的线路图。

你们现在有机会参加一项室内竞赛，每个人都要完成一系列的项目来获得小冒险家的勋章。不过请注意，你们都需要独立完成！在你们面前的小桌子上放着 26 个字母，你们可以从任意一个字母所代表的项目开始。在每个项目中，你们都需要选择一个对手，然后分别完成同一项挑战，两个人要互相评判对方的表现，并决定对方的分数。每项比赛的分数都控制在 1 分到 5 分之间。请把分数记录在项目编号字母旁边的纸上。然后你可以选择另一个对手来进行下一个项目。在比赛时间到了的时候，我会吹哨示意。然后我们来计算每个人纸上的分数。有问题吗？没有？好吧，那就开始吧！

早操和手部运动

为了让孩子们一整天都保持充沛的精力，爸妈可以自己编一套起床早操。有时候，手部的运动往往会被忽略，这会使双手变得懒惰而不够灵活，所以，爸妈还可以设计一些针对手部锻炼的运动和游戏。

用枕头玩杂技

1. 掀开身上的羽绒被，头朝床尾方向，仰面躺在床上，用脚指头夹起枕头！
2. 用双脚把枕头举起来，并保持枕头不会掉落下来。
3. 将双脚和双腿绷直，然后从 1 数到 20！

跳跃穿衣法

1. 站起来，一边蹦跳一边穿衣服，同时保持脚尖绷直的状态。
2. 穿好衬衫，收紧臀部！
3. 在穿上衣的时候，仍然保持跳跃！至于穿裤子的时候，就要看运气了！

扎马步穿袜子

1. 靠在墙上，大腿与墙面保持垂直，呈马步姿势。
2. 抬起一只脚，把袜子穿好，但同时保持背部紧贴在墙上。
3. 用同样的方法穿好另一只袜子，保持呼吸平稳，不要出怪相。

金鸡独立脱睡衣

1. 像一只鹳一样，单脚站立在床上：胳膊和腿都绷直。尽量去想一些有趣的事，使自己放松。
2. 用腿部保持身体平衡的同时，将睡衣脱下来，要注意别伤到脸！这并不容易！
3. 这样一来，上身和腿就暴露在空气中了。要记得深呼吸和收腹……至于收拾睡衣，可以过会儿再说。

穿鞋也疯狂

1. 靠墙坐好，伸直胳膊，肩膀向后挺。脖子挺直，微微颔首，呈双下巴，然后将头部向上顶！
2. 保持右腿笔直的同时，将左腿弯曲，将左边的鞋穿好。
3. 将左腿伸直放回地面，然后用同样的方法给右脚穿鞋，要一直保持脚尖抬高的状态。

昂首挺胸

1. 直立站立，脑袋上顶一本书（用最近正在读的书就可以），双手放松下垂。
2. 踮起脚尖走 20 步，并保持收腹状态。
3. 今天的早操到此为止，现在可以去和家人一同享用丰盛的早餐了。

拉伸运动

双手大拇指相合，其余手指都指尖相对，手指都尽可能张开，然后向内弯曲，形成一个鸟笼状。

放松运动

使手指、手腕和整只手都放松下来。

– 小木偶，快点来，跟我一起动起来！
– 我的小蜘蛛，手舞足蹈真可爱。
– 我的布娃娃，小手放松好柔软。
– 认真洗洗手，左搓搓，右搓搓。
– 华尔兹，华尔兹，把小手举起来，再举高些，让我看到它们！
– 我是一只小小鸟，飞到东又飞到西。
– 我是小小指挥家，打破常规才精彩。

收缩运动

用手指和手掌来完成的运动。

– 像弹簧一样
攥紧拳头，然后张开手，手指尽可能地分开到极限。然后再攥紧拳头。一开始动作要慢，然后逐渐加快动作，先是左手，然后右手，最后两只手同时完成。

– 模仿猫爪
先攥紧拳头，然后张开手，手指慢慢张开，但保持爪的姿势。
然后再慢慢攥紧拳头，手指的关节一节一节收紧。

– 尝试两只手做不同动作
一只手打开，而另一只手则握紧。

单脚跳房子

"跳房子"这个名字很好地解释了游戏的场地和玩法。根据不同的地面条件来勾画场地：如果是水泥地面，就用粉笔来画；如果是土地，则用尖锐物来划。游戏最重要的道具是沙包——一个装满沙子或小石子的密封厚布小袋。

有条件的话，孩子可以在家里铺有油毡的走廊或大房间里来玩这个游戏。如果条件不允许，也可以利用楼下的沥青或水泥地面。我们可以根据现场条件不同来决定场地的形状和游戏的具体规则，然后用单脚跳的方式来完成一次"跨越时空之旅"。

太空漫步

跳房子是一种单人即可完成的游戏，但也可以两到三个人一起参与其中，轮流来玩。每个人都有一个沙包。大家一起商量确定场地的边界和每个格子的大小。游戏者要从"地球"出发，最终抵达"太空"，其他格子都按顺序编好号。我们也可以将其中一个格子命名为"地狱"，游戏者不能把沙包掷到这个格子里，游戏者的脚也不能踩进这个格子。

第一个游戏者站在代表"地球"的格子里，将沙包投进1号格子。然后，他要单脚从1号格子上跳过去，按顺序完成其他格子的跳跃，每个格子里都只能容下一只脚。在抵达"太空"后，可以双脚落地休息片刻，然后再用同样的方式原路返回。当回到"地球"后，他要将沙包投进2号格子，然后继续游戏。如果出现失误，则换下一个游戏者。等到下一轮游戏时，他要从失误的地方重新开始继续自己的"旅程"。

失误！

包括：沙包没有投进制定的格子，沙包或者游戏者的脚踩到了边线，在同一个格子中跳了超过三次，在游戏过程中另一只脚落地，没有按照规定线路来进行游戏！

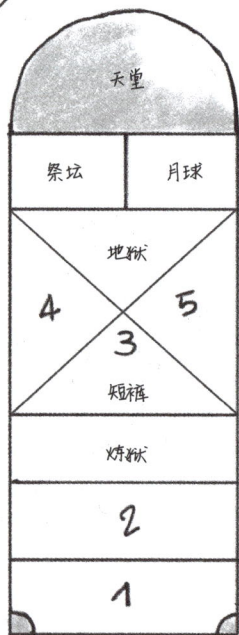

无论是常规场地还是螺旋形场地，跳房子都是一种非常流行的游戏，而且还包括很多种变化。

说出它的名字

在这个游戏中，我们不需要用到沙包，只要用单脚跳的方式完成全程就好。不过还是有一个新的规则要遵守：在第一轮的时候，游戏者要先说出一种花的名字，然后可以依次是一种鸟、一个国家和一种四脚动物的名字。

今天星期几？

在这个游戏中，每一个格子都按照一周七天来分别命名。每个人要按时间顺序来进行游戏，最后在代表星期天的小格子里可以短暂休息。

猫捉老鼠

年龄：6岁以上
人数：至少需要4人
道具：需要提前在地面上用粉笔来画出来

这是一种来自西班牙的玩法。在地上画一个圆圈，在圈内画一个正方形的格子，并平均分为四块，正方形的四个角与圆圈相连。在旁边的地上写下每名游戏者的姓名的缩写，然后指定其中一个游戏者当"猫"。

游戏的规则很简单，当"猫"的游戏者要去抓其他游戏者。所有人都只能在粉笔画出的白线上行走，大家可以选择向前或者向后走，但脚不能离开白线，也不能越过其他游戏者。被抓住的人会成为新的"猫"，不过他的名字上会被做上一个记号。如果被标记了两回，这个人就出局了。一名游戏者不能两次去抓同一个人。谁被抓住的次数最少，谁就是获胜者。

33

光与影的游戏

阳光照进了孩子们的房间，也把影子投射到了墙壁之上。只要愿意，便可以用手来模仿出一只小鸟，让它在墙壁上"展翅飞翔"。

用床单当作荧幕

我们脑海中可能都会出现这样的画面：在户外，在两根木桩上拴一根绷直的绳子，然后在上面挂一条床单；阳光从床单后面照过来，于是剪影就出现了。完全可以把这种光影艺术"搬"回家中，在室内来完成——只需要用到两个结实的挂扣和一条床单或窗帘。当然，如果家中桌子上的桌布一直垂到地面，那就更好了。模仿者可以躲在桌布后面，用手电筒投射出光线，而房间的其他部分则要保持在黑暗之中。

正面还是侧影

孩子们和爸妈分别待在荧幕的两侧，轮流扮演表演者和观众的角色。刚开始时，可以先尝试完成下面的 1 和 2 的游戏。

1. 游戏者站在荧幕后边，光源从背后投射过来。他站立不动，让脸部尽可能靠近荧幕，轮流展示自己的两个侧脸。请注意，正面五官的投影在荧幕上是无法分辨出来的！

2. 让游戏者在荧幕后边模仿一些情景：我起床了；我在刷牙；我在厕所门前焦急地等待；我在穿一条很紧很瘦的裤子；天很冷，我要戴上我的帽子……
    然后，再变成双人场景：我和我的猫在散步；我们在一起玩皮球；我在给你的父母打电话，告诉他们一切都好！
    如果一切顺利，就要适时地结束游戏，以便在下次游戏时再补充一些新点子来丰富内容。

手影游戏

手影游戏是另一种不需要什么道具就能实现的光影游戏，只需要一面白色的墙壁和一盏台灯。这一次，是要用双手在荧幕上"刻画"出各种动物脑袋的造型。需要提前就练习好各种手势和造型。不过一切努力都是值得的，因为这会让表演者看起来就像是一位魔术师！

1. 公鸡

2. 兔子

3. 大象

4. 小狗

5. 小鸟

皮影木偶

既然已经了解黑暗与光线之间的关系了，再追着影子跑就有些幼稚了。那么，来用纸板做成的木偶和剧场，重新演绎一出《小红帽》的故事吧。

首先，搭建一个木偶剧场

只需要台灯或手电的帮助，自己制作的坚固的迷你剧场便可以被安置在屋中的任何地方：比如床上、地毯上或沙发上。借助这些小木偶，爸妈和孩子们之间会实现一种不同寻常的交流。

年龄：6岁以上
材料：1个纸板箱、卡片纸盒、黑色绘图纸、1张90克的A3描图纸、木棍（或木签）、1根绘图铅笔、几枚曲头钉、一些不同颜色的玻璃纸
工具：1把裁纸刀、1把剪刀、胶带、绘画工具、1根胶棒

1. 在纸板箱底部的中间部分剪掉一块 40 厘米 × 28 厘米的长方形。

2. 用剪下来的这块纸板，按图示方法裁剪出剧场两边的窗帘和上边的横楣，并粘牢。然后再为两边装上侧翼，使整个剧场放在地面时更稳固。在荧幕前留出安放木偶角色的地方。

3. 将剧场两边涂成黑色。

4. 从内侧将一张大描图纸绷在纸板箱上。
   然后根据自己的想法，点缀一些装饰即可。

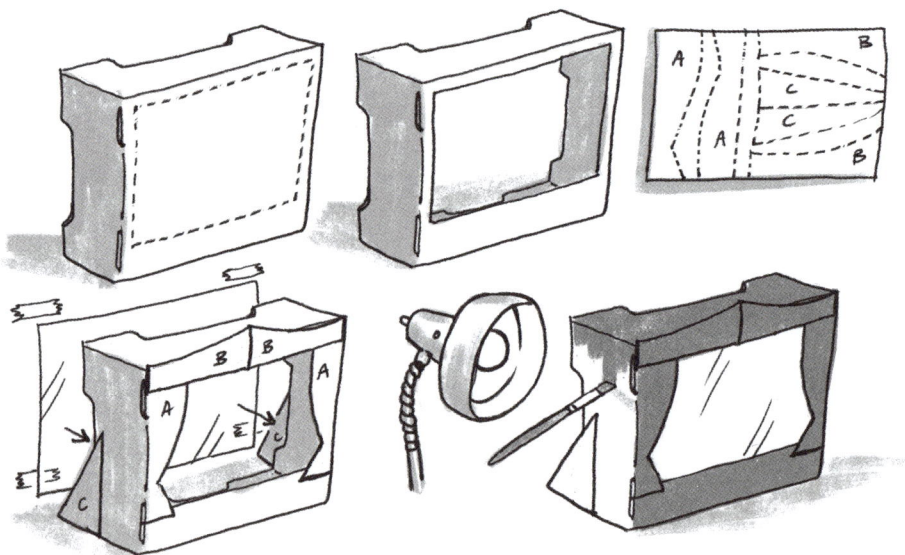

接下来，该制作木偶角色了

在这部《小红帽的全新冒险》中，有五个很容易制作和裁剪的经典角色。最简单的方法，当然是按照下面的模板来操作，不过也可以在儿童读物中找到其他角色加入其中。

1. 先帮孩子们在厚纸板（最好是回收再利用的）的背面绘制并裁剪出小红帽巫婆、两个小怪兽和大灰狼脑袋的造型。要注意的是，狼的下颚是可以活动的！

2. 让孩子们分别将这些硬纸板做成的角色放在黑色绘图纸上，用铅笔画出轮廓。然后小心翼翼地把它们裁剪出来。

3. 在处理眼睛和嘴巴等部位时，要把纸张先折叠起来，这样剪出来的高度能够对称。

4. 可以用透明的糖纸粘在剪出来的眼睛后面，把它们装饰得更好看。

5. 负责制作大灰狼的孩子，要用曲头钉把它的嘴巴组装在一起。

6. 将制作好的木偶角色粘在小木棍上，这样就可以在荧幕后表演了。
　　接下来，爸妈就可以开始讲《小红帽的全新冒险》了！一边听故事，一边看皮影木偶戏。

chuā
欻羊拐

欻羊拐是一种有五枚"棋子"的游戏，其中一枚小骨头（羊拐）的颜色与其他不同，也可用小石子来做"棋子"。一般是几个孩子组成一组，一起来玩这个游戏，每个人要依次完成一系列由易到难的"规定动作"。

游戏所需要的小骨头，一般选用绵羊的跗骨或拐骨（骨头可向肉店老板讨要）。没有羊骨也没有关系，用小石子、玻璃球或塑料球也可以。一般来说，游戏需要用右手来完成规定动作，除非您是左利手。最基本的玩法是将五枚羊拐抛向空中，用手背接住，然后再用手背将它们抛起来，再用手掌接住。唯一的、颜色不同的羊拐被叫作"老头儿"（不同地方叫法有差异）。

基础玩法

将所有羊拐放在地上。

1. 抛起"老头儿"，然后用手从地上捡起另外一枚羊拐，再接住"老头儿"。
2. 抛起"老头儿"，然后用手从地上同时捡起另外两枚羊拐，再接住"老头儿"。
3. 抛起"老头儿"，然后用手从地上同时捡起另外三枚羊拐，再接住"老头儿"；然后再次抛起"老头儿"，然后用手从地上捡起最后一枚羊拐，再接住"老头儿"。
4. 抛起"老头儿"，然后用手从地上同时捡起另外四枚羊拐，再接住"老头儿"。

用手背接"老头儿"

所有羊拐拿在手里，将它们同时抛起来，用手背把"老头儿"接住（如果其他羊拐也落在手背上，则需要单手甩掉它）。抛起"老头儿"，将其他羊拐一同拾起来，再接住"老头儿"。

游戏开始可以先用两个羊拐，然后增加到三个，再到四个。

"空手道"

将羊拐放在地上，两两之间都相隔一手宽的距离。将"老头儿"抛起来，按照空手道的手刀的手法来依次击打羊拐之间的空隙，然后再接住"老头儿"。

"烤香肠"

有两种方式：

1. 按照上面"空手道"的游戏方式来摆放羊拐。
2. 将羊拐抛起来，然后让它们自由散落在地上。

每一个动作都需要在将"老头儿"抛起和再次接住之间的时间里完成。每当"老头儿"被抛起的时候，要完成下面的一个动作，并同时将这个动作表达出来：

撒上盐 / 加点儿胡椒 / 浇上油 / 淋上醋汁 / 将香肠切好，然后吃掉。

当全部动作完成后，将所有羊拐一同拾起来。

打水漂

这个游戏的玩法很简单:斜着将一块扁平的石子扔入水中,让它在水面上连续弹跳。那么,来试试看吧!选择什么样的石子和采用什么姿势都是游戏成功的关键哦。

1. 这个游戏适合在平静的湖畔或河边来玩儿,而不适合在海边。

2. 要选择扁平的石子,不要太薄,也不要太厚。可以多准备一些。

3. 拿石头的姿势很重要:要将石子水平拿在手中,并找好投掷角度。

4. 用大拇指和中指捏住石子,食指顶在后边。

5. 在投掷的一瞬间,膝盖弯曲,而身体尽可能地后仰。扔出的角度应该控制在25度。

6. 应该让石子扁平的一面最先接触水面。

7. 石子在水中能弹跳几次,取决于投掷的力量。再来一次!

简易的小骷髅头

将几个羊拐分别夹在手指之间。
把"老头儿"放在手背上。
将"老头儿"抛起来,然后用手心接住。
然后使夹在手指间的几个羊拐也进入到手心当中。

用双手实现创意

带来美好回忆的明信片

奶奶和最爱的小孙子即将在这个周末去巴黎，度过一个愉快而惬意的周末。一切已经准备就绪，奶奶说，为了弥补那些不能一起去巴黎过周末的孩子们的遗憾，她决定要给他们寄去满载心意的明信片！

自制明信片

在旅游的途中买一张明信片寄给爸爸妈妈，是一个很好的选择。而如果自己制作一张个性化的明信片，则是个更棒的主意！以下是一些很简单的创意，爸妈可以教孩子们如何完成一次名副其实的创作。

- （使用不会褪色的水彩笔）在照片上写下简短的信息，比如"我们在这里"，"这就是我们走过的路"之类的话；
- 从杂志（或其他明信片）裁剪下美丽的图像，然后用超现实主义手法制作一幅拼贴画；
- 将在当地采集的小花或树叶晒干，然后粘贴在卡片上；
- 将在当地收集的泥土或沙子粘在卡片上（最好使用胶棒，然后晾干）。

还有一条很重要的建议：这些自制的明信片最好放进信封中再进行投寄，以免在途中被损坏。

当然，在这种情况下，我们还可以在自制明信片上画一张独特的"邮票"。

"找不同"游戏

我们很容易在商铺里买到以旧街景为图案的明信片，它们往往是黑白的，上面是这个城市、这个地区、一条山谷或一座建筑的图像。

拿着明信片，站在现实的"景物"面前，我们可以换个角度来欣赏。这里，这栋楼一直在这个位置；那边，那条街道已经拓宽了；远处的森林已经消失了，而原来的村庄却发展壮大——一个现实中的"找不同"游戏！

收藏明信片

当孩子们和爷爷奶奶住得很远的时候，他们可以用卡片来交流感情，这些卡片上也许是一只猫、一扇门、一扇窗，又或是落日、埃菲尔铁塔，甚至是一道菜，都可以成为我们珍贵的收藏。在卡片上，还可用文字来表达："当你不在我身边的时候，我十分想念你……"

用明信片搭建一座"大楼"

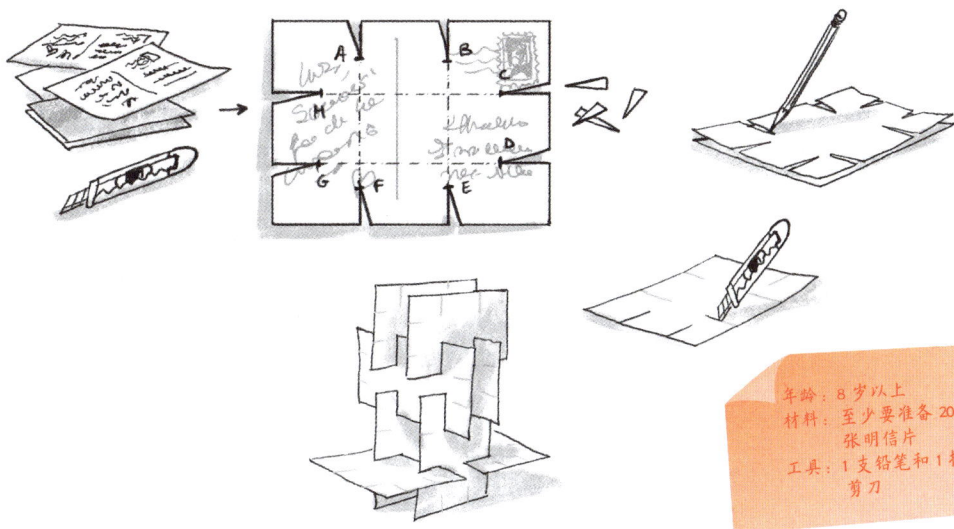

年龄：8 岁以上
材料：至少要准备 20 来张明信片
工具：1 支铅笔和 1 把剪刀

无论明信片的主题是旅游、文化还是艺术，让这些旧的明信片埋没在抽屉的底部都有些可惜了。如今，相比明信片，手机虽然能用声音和图像来记录旅行，但是太容易得到了，失去了不少意义，也注定更容易被遗忘。

一张明信片，从邮箱中拿到时会带着一抹微笑；在贴在冰箱门上时，就是不经意地瞄到，也会引起很多美好的回忆。

一张明信片，承载着一小段平凡而又暖心的话语，当我们一次又一次地读起，仿佛时间就定格在了那一刻。而接下来我们要教你制作的"手工大楼"，则能更好地把这些明信片保存在一起。

1. 第一张明信片可以用来当作模板。

2. 先确定分割点。分割点 A 和 B，将明信片的上边平均分为等宽的三部分。从这两个分割点沿竖直的方向各画一条 1.5 厘米长的直线。用同样的方法也将底边分为三等份，分割点被定义为 C 和 D。

3. 沿画好的线将 A、B、C、D 四条切口分别裁开。

4. 在明信片两条侧边上确定分割点，使 E 和 F、G 和 H 之间的距离都与 A 和 B 之间的距离相等，然后也用同样的方法剪开切口。

5. 为了后面的操作更加顺利，可以将切口轻轻地剪开成三角形。

6. 模板已经准备好了，然后便可以把它依次放在选好的明信片上面，并用铅笔在下方的明信片上描上痕迹，并依样剪开。

沿水平或垂直方向把这些剪开的明信片依次组装起来，"大楼"也就可以不断地变宽和增高了。组装时可以让图案的一面朝外，也可以让文字的一面朝外。随着组装的明信片数量的增加，"大楼"很快就会变得稳固，可以随意地整体移动。由于在整个过程中都不需要使用胶水或订书钉，所以我们可以轻易地拆掉它，或者在上边继续添加新的明信片——这栋"大楼"一直都在建设之中。

只需要一点点技巧就能得到新玩具！

有些玩具制作起来有点难度，不过不用担心，其实这一切问题都在于如何思考和操作。当一个人找到技巧的时候，他会告诉周围的人，来传递完成后的喜悦。对于孩子们来说，他们只是在创制这些玩具的时候需要一点点技巧，然后他们就可以愉快地玩耍了。

一张卡片和一枚纽扣

年龄：8岁以上
材料：1张废的塑料卡片、1枚大纽扣、1根50厘米长的彩色鞋带、彩色塑料胶带
工具：1个打孔机、1把剪刀

这是一个非常有趣而便于携带的玩意儿，适合感觉到烦闷时玩，或是招呼路边遇到的小伙伴一起玩。这个自制的玩具很吸引人，把它作为一件礼物也是个不错的选择。

先按照自己的喜好设计好卡片两面的图案，在卡片的底部钻三个孔：两边各一个小孔，中间的孔则需要更大一些。将鞋带从中间对折，然后依照如图方式穿过中间的孔，绾一个扣。将纽扣穿在鞋带上，将鞋带的两端分别从卡片两边的孔中穿过，并系紧。(1)

游戏的玩法： 将纽扣从一边移动到另一边。

1. 现在难题摆在眼前了，就看你的了。先把鞋带在卡片中间绾的扣结下拉开(2)。

2. 让纽扣从下方穿过这个扣结(3)。

3. 将纽扣向下拉(4)。

4. 将鞋带中间的扣结向前拽，以便把另一边的半条鞋带从中间的孔里拽过来。这样，中间就变成了两个扣结(5)(6)。

5. 让纽扣从两个扣结中依次穿过(7)。

6. 从后边拉拽另一侧的半条鞋带，使扣结从中间的孔中穿回(8)。

7. 此刻，纽扣已经处于与（2）相对称的位置上了(9)(10)。

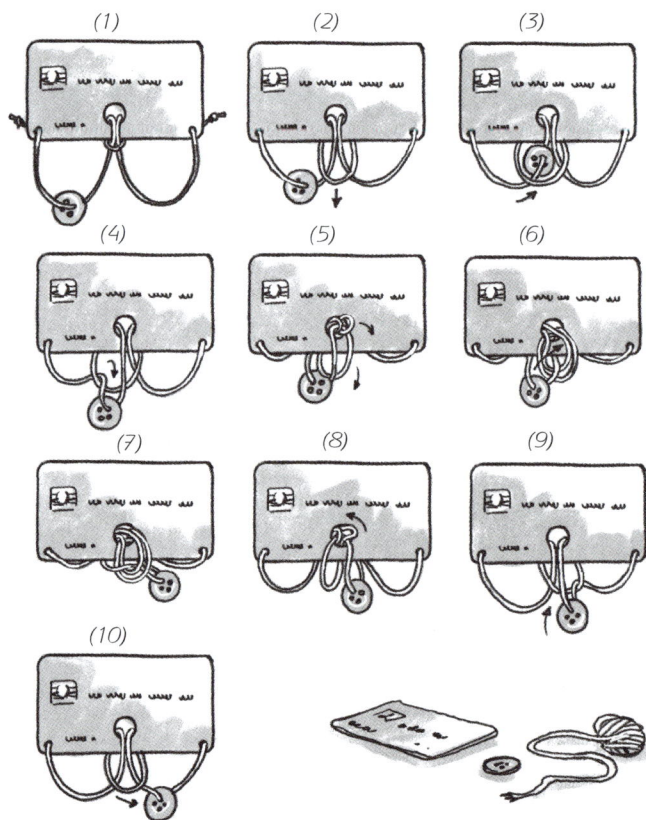

(1) (2) (3) (4) (5) (6) (7) (8) (9) (10)

年龄：8岁以上
材料：1块回收利用的泡沫塑料、塑料
　　　胶带
工具：削头的铅笔、1把三角尺、1把
　　　两分米的刻度尺、1把裁纸刀（使
　　　用时须有大人在场）、1块纸
　　　板（用来保护桌面）

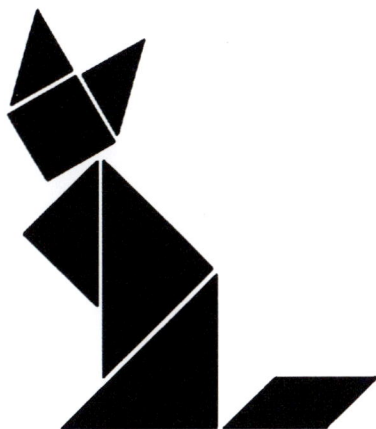

猫有七条命

　　在这个世界上，再没有什么比猫更奇妙和神秘的动物了！而今天我要和您说的这只"猫"却隐藏在七巧板之间。

1. 用水和肥皂将泡沫塑料板仔细清洗干净。

2. 在泡沫塑料板上量出一个面积为 10 厘米 ×10 厘米的正方形，并用铅笔轻轻地画上痕迹。

3. 用刻度尺比着铅笔所画痕迹，用裁纸刀将正方形切割下来。具体方法是先划出一道浅浅的痕迹，然后再用裁纸刀沿着同一道痕迹完成切割。

4. 剪两块 10 平方厘米的塑料胶带，分别粘在泡沫塑料板的两面。

5. 按照右侧的图示，用铅笔把泡沫塑料板切分为 7 部分，然后按顺序把它们一块块地切割开来。

6. 于是，您的"猫"就可以展示它的七条"命"（七种不同造型）了。当然，也可以发挥想象力，为它赋予更多的造型。

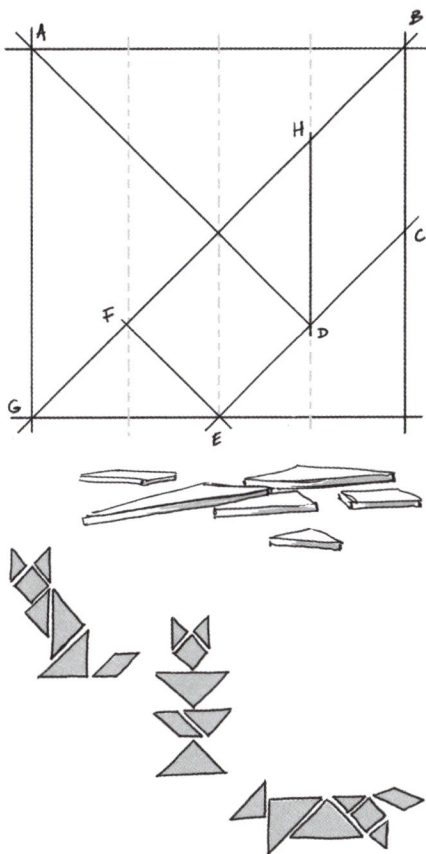

如何让钉子悬停在空中？

对于有些游戏来说，要想掌握其中的窍门需要好好开动脑筋才行！比如，里希特的十字架就很可能会让您感到百思不得其解，而悬停的钉子之谜看起来也同样神奇！

里希特的十字架

年龄：8岁以上
材料：1块薄而结实的瓦楞板、
　　　1张方格纸
工具：1把尺子、1支铅笔、1把
　　　裁纸刀

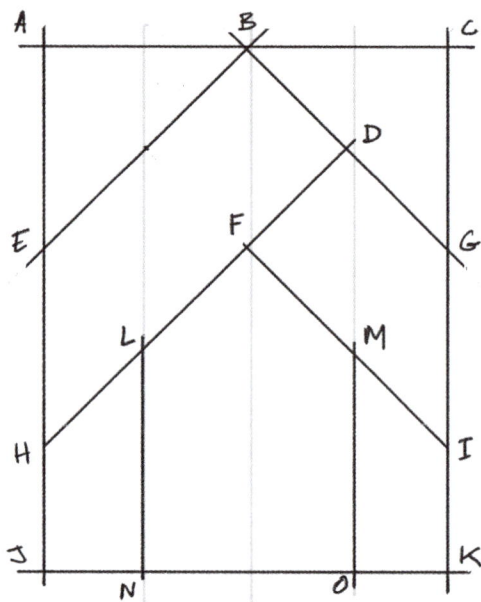

里希特的十字架由七块拼板组成，而这七块不同形状的拼板还可以组成很多其他的形状。

第一项要做的工作，就是先在方格纸上把所需要的不同图形画出来，然后再把这些图形复制在瓦楞纸板上。具体来说，先画出一个长宽比例为5：4的长方形，大小最好是20厘米×16厘米。根据右侧示意图，在长方形上标出A到O的位置，然后将不同的点之间用直线连接起来。沿着画好的线，用裁纸刀将七块拼板分别裁剪开。这样，就可以拼出里希特的十字架了。同时，还可以尝试拼出下面提供的其他图案。

可以用卡片分别做出几个不同造型的底板。

底板的正面是图案，背面则是答案。

为了降低游戏的难度，可以在每个底板上标注出第一块拼板的位置，这样孩子们就知道从什么地方开始游戏了。

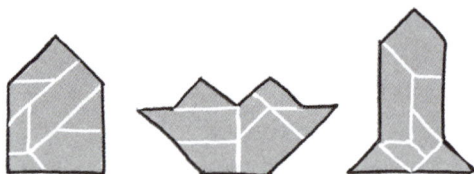

年龄：8 岁以上
材料：11 颗平头钉子
工具：1 把锤子、1 小块木头

悬停在空中的钉子

　　没有人能够确切地说出这个"悬停在空中的钉子"的游戏究竟是什么时候出现的。据说，一位行走江湖的艺人从一个木匠那里学到了，然后又把其中的奥秘透露给了一位叫作汤姆·蒂特的优秀工匠。一起来看看吧！

　　把一群好奇的孩子聚到一起，不过要确保他们之中没有人事先看到过有关的图画或实物。

　　然后向他们提出一个问题："怎样才能使钉子悬停在空中？"

小花招：先拿出锤子，让所有人都相信它就是完成游戏的关键所在。但实际上，我们只会用它把第一颗钉子钉到木头中间。

1. 取一块木头，笔直钉入一颗钉子，需要大约钉入 2 厘米深。

2. 按下图所示的方法，将其他 10 颗钉子依次排列组装在一起。

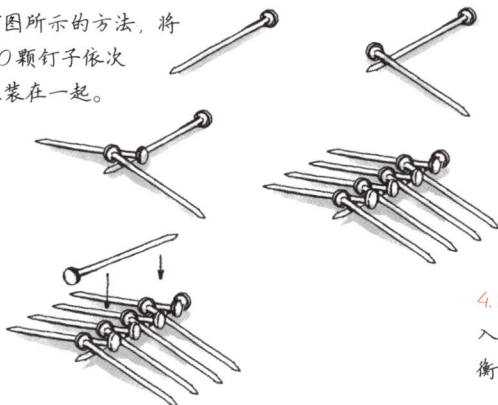

3. 用双手各执一端，轻轻地将组装好的 10 颗钉子一起拿起来。

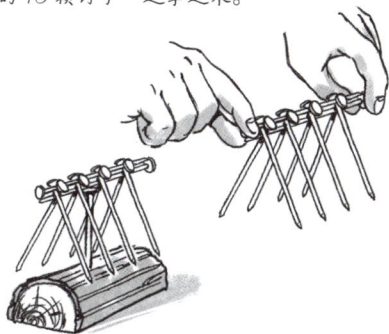

4. 将手中组合好的钉子小心放置在钉入木头中间的钉子上，并使其保持平衡。这样就完成了！

心形手工大制作

圣诞节有丰富的圣诞礼物，复活节有复活节的菜单，万圣节有好玩的南瓜灯——这些都是宗教节日。接下来，我们就要迎接情人节了。在情人节里，不仅仅只是情人之间的情感表达和传递，也可以是家人之间的爱心和亲情——那就让我们来一场心形手工大制作吧，用这些心形的小礼物来表达互相之间的爱意。

剪一个心形绒球

在节日里，各种造型的绒球是个很好的点缀。可先从最传统的圆形绒球开始做，然后再尝试动手制作心形的绒球！

年龄：6岁以上
材料：毛线、纸板
工具：1把剪刀、1把圆规、1根针

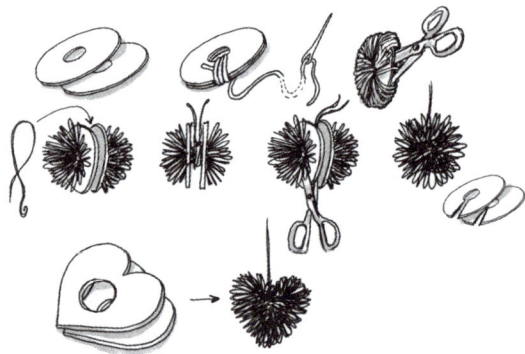

用纸板裁剪出两个大小一样的圆形，在中间分别挖一个足够大的圆孔。将两个圆形纸板叠放在一起。用针把毛线紧紧缠绕在纸板上，使纸板完全被毛线所覆盖。将剪刀伸到两个圆形纸板中间，将上边的一圈毛线完全剪开。再用一根细绳在两块纸板之间的毛线绳上反复缠绕，然后用力系紧。在两块纸板上剪开一个缺口，然后把纸板从中间取下来，毛线绒球就这样做好了！对于心形的绒球来说，步骤都是一样的，唯一的区别就是中间纸板的形状。

年龄：7岁以上
材料：2张颜色不同的A4纸
工具：1根铅笔、1块橡皮、1把圆规、1把剪刀、1把长20厘米的刻度尺

编织一颗"爱心"

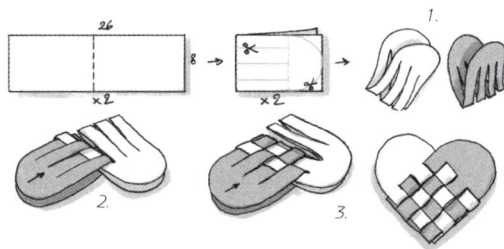

用两张不同颜色的纸分别剪出同样尺寸（25厘米×8厘米）的纸带。将纸带从中间对折。以折线为基准，在折叠好的纸带上画一个边长为8厘米的正方形。在正方形当中，沿水平方向画三条平行线，每条线之间相隔2厘米。将两条纸带叠放在一起，将正方形以外的部分剪成半圆形，然后再将中间的三条平行线剪开。在每条纸带上，就获得了4条可编织的细带。这样，就已经分别准备好了两个颜色不同的"半颗心"(1)。

编织是这个手工制作过程中最细致复杂的部分。将两个"半颗心"平放在面前。将浅色的"半颗心"的第一根纸带从深色的"半颗心"的第一和第三根纸带中穿过。记得是从中间穿过而不是从下边，这样最后做好的"爱心"才能够打开(2)。接下来，用同样的方式来交替处理其他纸带(3)。还可以在编织好的"爱心"上加一个小的把手，然后用它来盛放糖果。

年龄：7岁以上
材料：1张卡纸、红色线绳
工具：1根针、1支铅笔、1块橡皮

缝制一颗"心脏"

将卡纸对折。用铅笔在纸上画一颗爱心的形状。然后在铅笔所画的痕迹上有规律地用针扎上一圈小孔。再在中间掏一个5分钱硬币大小的圆孔。让红线从中间的圆孔穿过，然后穿入外围的小孔中，再从后面将线引回。用同样的方法依次反复操作……当一整圈全部完成之后，将线绳粘在卡纸背面。

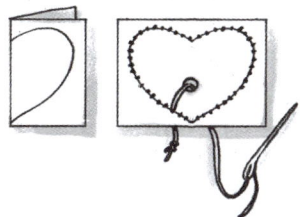

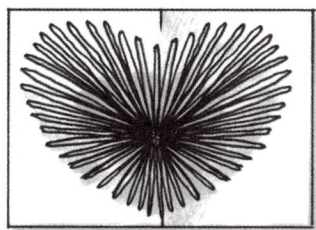

制作心形咸味面点

前面我们介绍了两种心形物品的制作，不过都是和线有关的（不能吃的）。下面就给大家介绍一个制作心形咸味面点的方法吧。

小提示： 原料要按照2杯普通面粉加1杯精盐的比例混合均匀。加入一点水，然后用手搅拌均匀。和好的面团要保持柔软度，但同时还不能沾手。在和面的时候，我们也可以在水中加入些食用色素。要妥善选择工具：木勺子、沙拉碗、塑料袋、擀面杖、牙签、小刷子、圆头刀具、小铁钎子和面点模具。在烹饪的过程中要随时注意：烤箱要长时间处于较低的烘焙温度下，门要呈微开状态。最好可以双面烤制。爸妈一定要自己多尝试几次，这样才能和孩子们一起制作得更好一些。当孩子们成为爸妈烤制心形咸味面点的助手时，相信这个过程一定非常快乐。当情意满满地为家人亲手制作一份心形美食的时候，是多么美妙的一件事啊！

49

心形拼板游戏

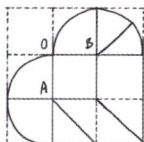

年龄：8岁以上
材料：方格纸、厚纸板
工具：1支铅笔、1块橡皮、1把钢尺、1把剪刀、1把裁纸刀、1把圆规

用九块拼板可以组成一颗破碎的"心"，同样也可以拼成其他图案，比如一只猫咪。在方格纸上画出一个边长为30厘米的正方形，然后把它平均分成9个小正方形。以线段OA为半径，分别以A和B为圆点，画出两个半圆。按照左侧图示，用铅笔在方格纸上标出需要剪开的线，然后把多余的线都擦掉。按要求将画好的图案剪开成9个部分。然后可以把剪好的图案放在纸板上，按照这个形状将纸板小心地裁剪好。当然，在此之前，可以先用复印机将模板放大之后，再进行裁剪。

男孩女孩都会爱上的针线活

直到20世纪初，人们还是会把那些不会做针线活的女孩子称为懒丫头或是笨丫头。在那个年代，有专门为男生和专门为女生开设的学校。在这些学校里，男生和女生学到的东西并不一样！

50

制作卡纸小熊

就算到了 21 世纪初，真正的男女平等也还没有完全实现。不过，在日常生活中，有些习惯正在一点一滴地发生着改变。如今，当看到一个小男孩在做针线活的时候，还有谁会感到惊讶呢？如果不相信，不妨来比较一下，孩子们现在上的学校和爸妈小时候上的学校在很多方面都变得不一样了。

下面这个游戏，是针对 4～6 岁孩子设计的最基本的针线活训练。是时候培养孩子的手眼协调能力啦。

年龄：4 岁以上
材料：1 张卡纸、毛线
工具：1 台卡片打孔器、1 支铅笔、1 把剪刀、1 根圆头的针

1. 指导孩子在一张卡纸上画出一头小熊。
2. 将小熊的图案裁剪下来。
3. 沿着小熊的轮廓，用打孔器有规律地打一圈孔。
4. 接下来，就要让孩子亲自动手来体验穿针引线的感觉了，沿小熊的轮廓周围分布的孔，缝上一圈。

自制梳妆包

这是一个可以让孩子们跟爸妈一起来完成的手工游戏：亲自动手为自己制作一个与众不同的梳妆包。当他们去外婆或奶奶家住的时候，可以把洗漱用品装进去，然后轻松地塞到书包里！

年龄：6岁以上
材料：1块32厘米×20厘米的柔软油布，2根45厘米长的彩色鞋带
工具：1台打孔器，透明胶带（用来把名字粘在色外）

1. 在油布上横向量出12厘米的距离，并画出一条折线。

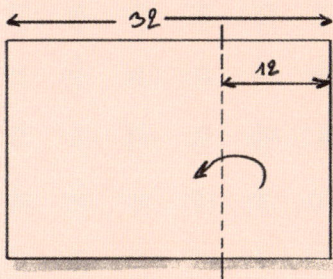

2. 在折线两侧的上下两条边上，在对称的位置用打孔器分别打孔，孔间均相隔2厘米的距离。将鞋带依次穿过这些孔，然后打结系牢。

3. 在梳妆包的翻盖部分的中间打一个孔，将另一根鞋带按图示方法系在上边。要注意的是，其中一边的鞋带长度要足够缠绕梳妆包一圈。

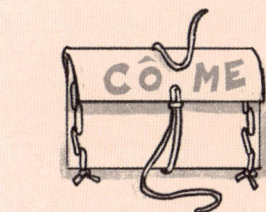

4. 对梳妆包的外观进行装饰，并将孩子的名字粘在上边。

安抚宝宝用的小方巾

年龄：8岁以上
材料：2块材质不同的柔软面料、各种颜色的饰带
工具：剪刀、线、别针、缝纫机

1. 剪两块同样大小的长方形布料。在第一块布料的正面，摆放上不同的饰带，然后用别针固定好。

2. 将另一块布料正面朝下，盖在第一块布料上。

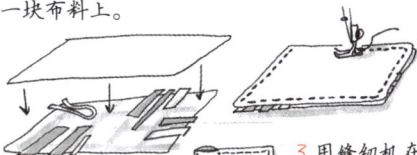

3. 用缝纫机在外围匝上一圈，但要记得留一个开口。

4. 从里向外，将缝好的小方巾整体翻一个面，然后再用缝纫机沿着外围匝一圈。小方巾就做好了！

家里即将要增添一位新成员了，他是个小妹妹还是小弟弟呢？不管怎样，作为哥哥或姐姐，为将来的小宝宝做一块安抚用的小方巾是非常有意义的事情。

下面，孩子们将在爸妈的指导下来操作缝纫机，体验它是如何进行工作的。

51

制作简单的乐器

眼看着孩子们一晃就长大了，我们总会想到一个问题：应该培养他们一些什么爱好呢？也许，音乐是个不错的选择……不过，从什么开始好呢？可以先从学习制作简单的乐器开始，比如沙槌和雨棒，它们都能在安静与律动中为我们带来启示。

制作沙槌

沙槌是自鸣乐器中的一种，源自中美洲印第安部落。一套沙槌通常是两个，因为我们都有两只手啊！今天，我们将学习如何用塑料汽水瓶来制作这种奇妙的乐器。请注意，沙槌握起来的感觉是否舒服，也会影响到它能发出的声音。而通过调节瓶子旋盖的松紧程度，也能得到很多不同的声音效果。

年龄：6岁以上
材料：墙纸胶，丙烯颜料，1蜡白胶，由大米、滨豆、鹰嘴豆、面粉或金属的小零件及小石子之类构成的混合物（用来填充到沙槌里面，使其发出韵律十足的节奏）
工具：2个小塑料瓶、1份旧报纸、各种画笔、1个塑料盒

52

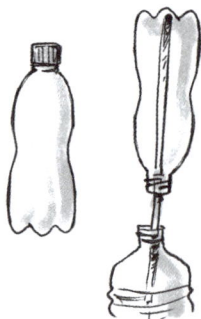

1. 将两个瓶子从里到外都仔细地洗净擦干。然后将瓶子口朝下，插在一根木棍上。这种方法会使后面的上胶和风干步骤变得简单易行（每次涂胶之间都需要间隔24小时）。

2. 按照包装盒上的说明书，准备好墙纸胶。胶要保持干净，并放置在阴凉处保存。

3. 将报纸裁成3厘米宽的纸带。

4. 取一条纸带，将它浸入胶中，然后粘在瓶子上。这一步并不难完成，但很容易把胶弄到手上。在第一次操作时，一定要保证覆盖瓶子的整个表面，除了瓶塞和瓶口。所以要用指尖将纸带平顺地贴合在瓶身，包括瓶体上的凹凸处。最终，纸条会在瓶身上形成交叉和重叠。

×4

5. 洗净双手，整理好工具，然后等待瓶上的胶自行变干。

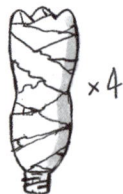

6. 第二天，再用同样的方法在瓶身上缠裹第二层报纸。缠裹的层数越多，整体就会变得越牢固，最终发出的声音也会越好听。根据经验，至少需要缠裹四层。

7. 缠裹完成后，先在瓶身上涂一层白色颜料作为底色，使其完全覆盖整个瓶身。然后等待一天时间，使瓶身上的颜料完全变干，再在上面装饰各种颜色的色块图案。"一起摇摆，一起摇摆！"是不是很动感？

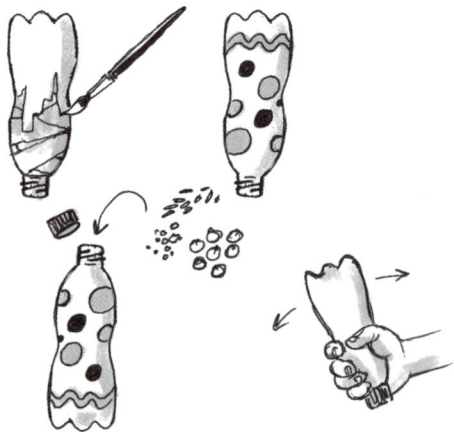

制作雨棒

年龄：6岁以上
材料：1个足够长而且厚的纸筒
（用来绘画和装饰的各种
材料）、纸板、胶棒、胶
水、1条足够长的锡箔纸
（是纸板的3倍长）、混
合填充物（与沙槌一样）

　　还有一种可以自己动手制作的打击乐器，叫作雨棒。它的制作过程其实并不复杂。不过，由于管内可以填充各种不同的东西，比如小石子或种子之类，所以需要掌握其中的窍门，才能让它发出独特的悦耳声音。这种乐器在智利和美拉尼西亚都分别有自己独特的名字。同时，这种乐器在某些时候还能起到沙漏的作用，用来控制演讲者的讲话时间。

1. 单独辟出一小块地方，铺上旧报纸，让孩子们在这里给自己的纸筒涂上各种各样的颜色。通常需要两个步骤才能完成上色工作。

2. 如果所使用的纸筒的两边没有盖子，那么需要单独制作出来：按照如图方式，在一张纸板上描出纸筒底面的轮廓，一式两份；然后在轮廓的外围再画一个圆，要比纸筒底面宽2厘米。分别把它们裁剪下来，并剪出规则的缺口，形成一个盖子形状。将其中一端用盖子遮住，将多余的部分折起，并用胶粘牢。

3. 窍门：将锡箔纸揉搓成长条形状，然后将它缠绕在一根细棍上，使它变成蛇形的螺旋状。将螺旋状的锡纸卷塞进纸筒中，并使它能够撑满纸筒的两端。将准备好的"混合物"倒入其中，先用手掌捂住开口的一端，然后将纸筒慢慢翻转过来，来体验一下声音效果。种子和小石子组成的混合物会碰撞到锡纸，发出摩擦声，听起来就像雨水落下般沙沙作响。

4. 将纸筒的另一端也盖紧粘好，雨棒就制作完成了。雨棒的声音听起来挺舒缓的，酷！

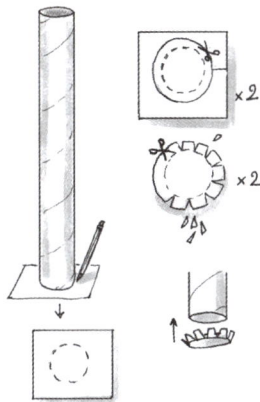

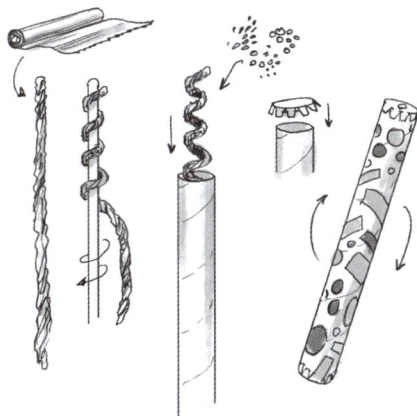

所以，你的下一份生日礼物，就是一次狂欢游行或是现场音乐演出，爸爸负责弹奏尤克里里，妈妈负责演唱。

53

让静止的图像动起来!

电视机并不是一直都存在的,它是在20世纪20年代被发明出来的。而电影放映机则出现得较早一些——"当然,这些都是历史学家研究的范畴了!"

会动的图像是如何产生的

在电影发明之前,人们还拥有很多至今仍然流行的小发明,"这些都是一些有趣的能工巧匠的创意。"这些游戏都有一个很奇怪的名字,但操作起来却非常简单,我们在家里就能完成。它们所实现的视觉效果并不存在什么魔法,却能让静止的画面动起来!在游戏开始前要先做好分工,整体工序要由成年人来负责把关,而孩子则会帮忙描图、裁剪、创作和绘制。

"爸爸,您能来帮我把这些圆形剪下来吗?"

我们其实正在重现电影之前的一些发明。两幅图像合成在了一起,所有图像在我们的眼睛里只会有瞬间的留存,所以会让我们产生图像自己动起来的幻觉,这种现象被称作"视觉暂留"。利用这个原理,我们便能够通过会动的图像来讲故事了!

54

手翻书
手绘的翻页动画

这种翻页动画是在1868年由英国人林奈发明的。人们还发明了借助摇柄翻页和通过电力翻页的机器,也就是最早的电影放映机雏形。

在书或笔记本的右上角,连续画一组带有主题的图案,比如"一颗心被一支箭射穿的过程"。最好使用圆珠笔来画图,这样能够在下一页上留下图案的印记,以便每幅图的位置都保持一致,每一幅图案和前面一幅都有一点点变化就好。用手将书角捏紧,然后快速让书页一篇一篇翻落,你就会发现书上的图案真的动起来了。请准备好纸张,也许孩子们会用它们来创作一组家庭成员的动态表情!

年龄:8岁以上
材料:1本旧书或1本
装订好的笔记本
工具:1支细头圆珠笔

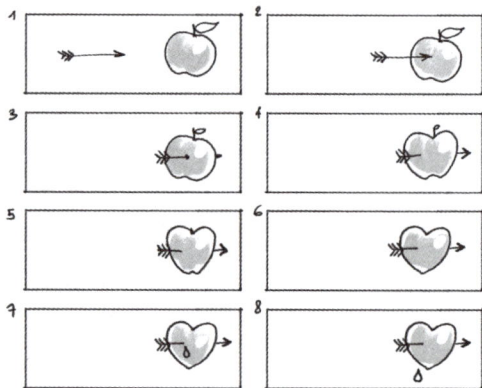

年龄：5 岁以上
材料：1 张白纸
工具：钢笔、铅笔或水彩笔，
　　　1 支长铅笔

只有两页的手翻画 分层的图画

将白纸沿纵向裁成两半，然后再横向对折，标记好折线。
将折叠好的白纸面向自己放置，将折叠部分向上掀开。
在下边的纸张上画一个简单的笑脸。

再将折叠部分盖上，利用纸张的透明度，在上边纸张的同一位置画出另一个笑脸，只是简单改变下嘴和眼睛的方向即可。

以长铅笔当轴，将上面这层纸由下而上卷起来。平放在桌面上，通过将上边的纸张迅速铺开和卷起，使笑脸动起来。

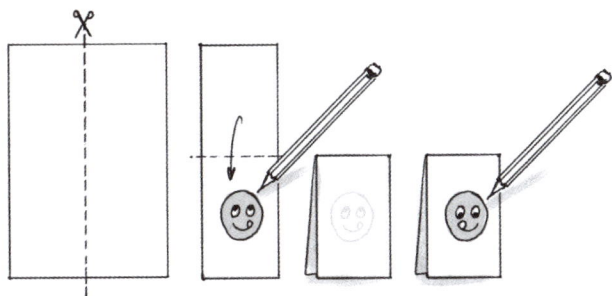

留影盘 旋转出来的奇观

作为它的发明者，英国人彼得 – 马克·罗杰在 1825 年给出了留影盘的定义："在一个圆形的纸板的正反两面画上两个截然不同的图案，当我们以圆形纸板的直径为轴使它快速旋转起来的时候，两面的图案会结合在一起构成一幅全新的图案。"

年龄：5 岁以上
材料：薄纸板（包装用的）、细绳或皮筋、彩色铅笔
工具：剪刀、胶棒、1 个玻璃杯、订书机

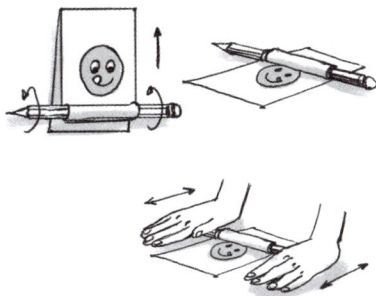

借助玻璃杯和铅笔，在纸板上画两个同等大小的圆盘，并裁剪下来。将一段细绳夹在两个圆盘横向中轴线的位置，然后将两个圆盘粘在一起。在圆盘的中间部分画上某一故事场景的一部分：比如画一只大灰狼。然后将圆盘整个翻转过去。在同一水平位置反方向（即头朝下）画一个小红帽。
用剪子尖在横向中轴线的两端各扎一个小孔。将皮筋穿入并系好。
在这个过程中，可以让孩子来负责画圆、负责两面的图案、负责在做好之后来检验效果……以及将所有步骤再来一次！

1+1=1

通过用手指捻动圆盘两侧的皮筋，使得圆盘快速旋转起来，于是就会出现两幅图像结合在一起的幻觉：帽子从头上飞走了，小红帽被大灰狼吃到肚子里了，小鸟被关到了笼子里……

哇哦，艺术手工编织！

这里所说的艺术手工编织是用一些小塑料管编织成五颜六色的工艺品。在20世纪60年代，一位名叫萨沙·迪斯特尔的歌手唱了一首关于苹果、梨子和手工编织艺术品的歌曲，结果大受欢迎，成为流行金曲。从20世纪80年代开始，歌中所唱的这些手工编织艺术品又一次流行了起来。

编织时要不要留个环扣

不留环扣的样式更容易悬挂，因为我们可以利用留下的塑料绳头将编织好的成品系在皮包拎手或是钥匙扣上。

1. 留环扣的样式： 取两根塑料绳中的一根，从中间对折形成一个环扣。用另一根绳绕着环扣打一个结，并系紧。要保证打完结之后，第二根绳留在两边的绳长几乎相等。在你打结的时候，需要另一个人帮你拿着第一根绳。

2. 不留环扣的样式： 将第一根塑料绳放在桌子上，并大概比量出中间的位置。将第二根绳从第一根绳下边穿过去，使两边的绳长基本相等，然后绕着第一根绳打一个结。

越编越长

1. 将两根不同颜色的塑料绳交叉放置。

2. 将其中一根绳的两端折叠，形成两个环扣。

3. 用另一根绳分别从上方和下方穿过环扣。

4. 从四个方向将绳拉紧，形成第一个点。

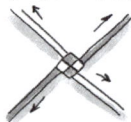

5. 按照相同的方式继续重复操作：打结，然后穿插。

6. 最简单的笔直造型编织物就完成了！

越编越宽

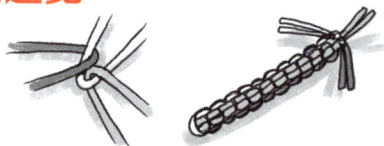

使用3根、4根、5根甚至更多的塑料绳，可以编织出更宽更扁平的造型。而所运用的基础方法都是一样的：反复打结和穿插。当编织到最后的时候，将多余的绳头都剪掉，然后用火（火柴或打火机）燎一下，使编织物末端都熔接到一起。

越编越快

不同颜色的塑料绳在手指间穿梭，这样的画面一直浮现在眼前，而你也会编织得越来越自如和流畅，就像手指已经记住这些手法了一样！

灌溉

自制防烫把手

　　前面几种编织法都属于比较基础的手工，让孩子们看看家里的玻璃水杯或是搪瓷缸子吧，顺便可以教他们怎样给这些水杯"搭配"个性化的防烫把手。这一次，我们不再使用塑料绳，而是改用细线绳，通过反复打单结的方式来完成整个编织过程。

　　当我们需要用绳子来固定什么东西的时候，经常会使用到"单结"的打结方式。不过为了固定得更结实，我们经常会使用双套结（也就是两个单结套在一起）。

1. 先从最上边开始操作，用线绳从上面绕过水杯把手。

2和3. 在水杯把手上连续缠绕两圈。

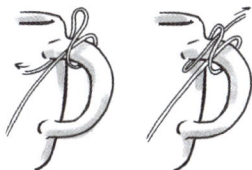

4. 将线绳从第二个圈的下边穿出，勒紧，这样就得到了第一个结！

5. 将打好的结推到杯子把手的上缘，用线绳的另一端继续完成下边的操作。

6. 用线绳从上面绕过水杯把手，然后再从圈中穿出，勒紧！
7. 然后反方向用线绳从下面绕过水杯把手，再从圈中穿出，勒紧！
8. 依次交替着从正反两个方向不断打结，然后勒紧。当最后将整个水杯把手紧紧缠裹完毕时，剪掉多余的线绳，再用火燎一下，使其固定得更为结实。

制作简单的发声玩具

在假日的夜晚，有那么一些时刻，空气仿佛静止了，壁炉中的小火苗还在噼啪作响。您就静静地坐在那里，聆听孩子们用刚刚制造出来的玩具发出的一些调皮的声响：管哨低声呼啸，小木棒吱吱鸣叫，而小风车也呼呼作响。

能吹奏出声响的小木棒

马戏团的乐手们往往醉心于用手边的材料来重新发明创造乐器。比如，用一张卷烟纸和一把梳子就可以再现卡祖笛的声音。不过，还有更简单的方法来制作属于自己的乐器，只需要两根小木棒和两根皮筋。

1. 在一根小木棒上放一条纸板。
2. 在纸板的左下方和右上方各放置一段牙签。这样，纸板就呈斜向对角放置了。可以稍做黏合。
3. 在上面再覆盖一根小木棒。
4. 两边各用一根皮筋箍紧。

年龄：6岁以上
材料：2根冰糕棒、1小块纸或纸板、1根牙签和2根皮筋
工具：1支胶棒

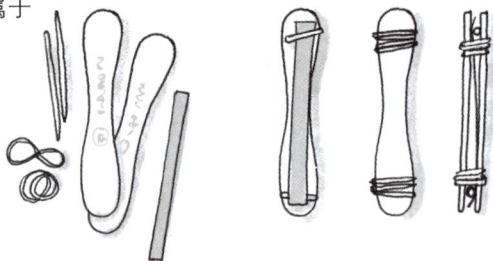

小风车，转呀转

作为孩子们必备的玩具之一，这些小风车总是不停地在我们的头顶上转啊转！

年龄：6岁以上
材料：厚的彩纸或塑料档案夹、珠子、筷子、大头针

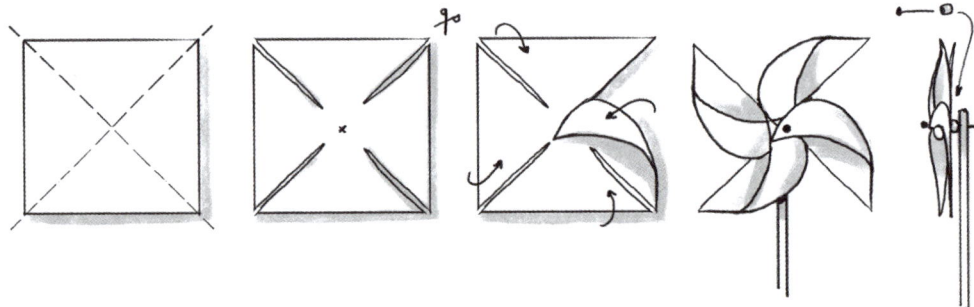

1. 裁好一张边长为21厘米的正方形折纸，分别沿两条对角线各对折一次，留下折线。

2. 沿折痕，将四个对角由外向内剪开2/3左右。

3. 将四个角向中心折好，并用大头针钉在一起。

4. 将做好的风车整体钉在筷子的一头。可以用同样的方法多做几个不同颜色和大小的风车，然后插放到院子里或阳台上，一个微型的风电站就建成了！——不过这些小风车在转起来的时候几乎不会发出什么声响。

年龄：8岁以上
材料：1支阿司匹林的药筒（也可以是装其他药的筒）、1颗珠子、几张彩色塑料胶带、细线、胶
工具：1把剪刀、1个钻孔器

年龄：8岁以上
材料：1个塑料瓶、1根长木棍、1颗钉子、黑色和红色的水笔、彩色胶带、1团线绳
工具：1把裁纸刀、1个钻孔器

嘘嘘作响的管哨

谁都想象不到，一个系着线绳的阿司匹林药筒，也能发出如此哀伤的声音！

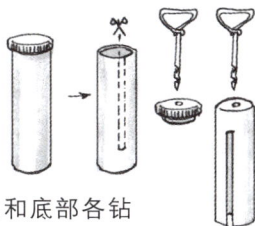

1. 在药筒的盖子上和底部各钻一个孔。

2. 将线绳从盖子中间的孔里穿过，打一个结，并用一颗珠子将线绳固定在盖子上，使其不会脱落。

3. 沿着药筒的筒壁剪出一条狭长的槽。

4. 装饰下外观，然后将盖子粘好。

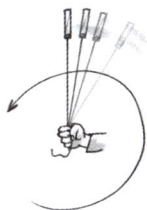

5. 线绳的长度应该为药筒的10倍左右。用手拽着线绳把药筒转起来，它便能发出嘘嘘的哨声！

"声音洪亮"的风车

借助几根木棍和几条线绳，将2～3个这种自制的风车固定在阳台栏杆上，孩子们会惊奇地发现，刮风的声音真的是千变万化。

1. 将瓶子上的标签清理干净，然后开始制作风车的扇叶：先用黑色水笔将瓶身沿纵向分为三等份，然后再用红色水笔将每一部分一分为二。将黑色标记线和红色标记线水平地连接在一起，就形成了三扇"窗户"。由成年人使用裁纸刀沿红线将"窗户"（即扇叶）切割开，并以黑色标记线为"合页"，将扇叶向外折叠。

2. 在瓶底打一个孔：需要使用钻孔器，因为这是瓶身最坚固的地方！用一颗钉子把瓶子固定在一根木棍上。

59

一起让家更漂亮

"编制"一个
守护睡眠的捕梦网

"总是有太多太多噩梦侵扰孩子的睡眠，我们
可不能让他们整晚都无法安睡。"那么，为什
么不和他们一起制作一个属于自己的捕梦网
呢？就挂在床头，朝向太阳升起的方向。

制作一个捕梦网其实很简单，也不会花费很多
钱，而且每个人都可以使用收集到的那些不
值钱的小物件来把自己的捕梦网装饰得与众
不同。

62

为了睡得更香

· 要记得遵循这个步骤：刷牙，
上厕所，然后上床睡觉！
· 要记得关上所有的灯。
· 不要给他们讲恐怖故事。
· 和他们说话的时候保持微笑。
· 尽量避免发出刺耳的噪声。

阻挡噩梦侵扰

一直以来，在美洲印第安
人的心目中，捕梦网都是一种
带有神奇魔力的装饰物。它是
一个圆形网状挂饰，中间编织
得像一张蜘蛛网，四周装饰有
各种羽毛。人们到了夜晚就把
它悬挂起来，因为它能阻挡噩
梦和谎言，只留下美好的梦。

捕捉噩梦

我们热爱大自然，所以会收集它留下的印记。我们保护环境，会将一些看似没用的物品回收再利用。这些行动带给了我们很多与众不同的东西，虽然它们可能"一文不值"，但却非常有意义。

最初的捕梦网是用柳条编的圆圈做成的，而我们要用的是塑料食物罐的盖子。也许有人不相信，但确实能做成！我们要保持环保的生活方式。

年龄：7岁以上
材料：1个空心的食品罐盖子、毛线、
　　　丝线、羽毛、珠子、贝壳以
　　　及小颗的松塔、蒴果、卵石、
　　　橡实、胡桃等
工具：剪刀、1把裁纸刀

1. 前期工作要两个人配合完成：爸妈来负责将塑料盒盖裁剪成一个塑料圈，而孩子们则负责用毛线将塑料圈紧紧包裹缠绕起来，最后将线头和线尾系在一起，再用毛线做一个挂扣，打好结，用珠子固定在圈上。对于孩子们来说，这个过程相对漫长，不过这也可以让他们学习如何变得更有耐心！

2. 准备蛛网：要用到的线绳需要是够长才行。可以选用不同颜色的线绳来使"蛛网"更漂亮，但一定要选择同样粗细的线绳。先在圈上打一个结，把线绳的一端固定住，然后按照图示方式，在圈内先编织出一个六边形。紧接着，用线绳在六边形某一条边的中部打一个结，然后继续相同的操作，在六边形内再编织出一个六边形来。如此反复操作，直到"蛛网"完工。

3. 可以根据自己的喜好，给"蛛网"配上各种各样的挂饰，比如羽毛、幸运物之类的东西，它会让自己的捕梦网变得独一无二。即便蛛网编织得不是那么完美也没关系，因为噩梦是无法通过那些网眼的！

4. 最后一道工序：在中间系一颗珠子，使所有网扣都能绷得更紧。

右侧图中的样式对孩子们来说是最简单的：线绳只是围绕着网圈来编织，并不像真正的蜘蛛网那么交错复杂。

"好了，搞定了！孩子睡得很香、很沉，徜徉在甜蜜的梦乡之中！"

无土栽培鲜花！

今年的春天好像姗姗来迟了。好吧，是时候为家中增添一些鲜花了，通过无土栽培就能实现哦。

亲近自然

这么做的意义有很多重。首先，这是一个增进亲子关系的好机会，同时也是向孩子们传授有关生命知识的好方法。当然，通过这些种植活动，还可以让孩子们树立正确的时间概念和培养足够的耐心，这对他们的成长尤为重要。另外，这些鲜花真的很美，能每天都带给大家好心情！

种植番薯

年龄：5岁以上
材料：1颗番薯、1个瓶口直径
略小于番薯的敞口玻璃
瓶、竹子支架、拉菲亚
草纤维(酒椰叶纤维)、
一点木炭
工具：剪刀

1. 在敞口瓶两侧各搭一根竹枝作为支架，将上边和下边分别系好。然后再横搭上一些其他竹枝，形成一个小梯子。

2. 将番薯头朝上放置，捆在支架上。在瓶底放一些木炭，以防止番薯变质腐烂。

3. 向瓶中倒入清水，并没过番薯的下半部分。

4. 将瓶子挪到向阳的地方，但也不要让阳光直射。番薯会慢慢长出根来。保持瓶子中不缺水。

种植水仙

年龄：5岁以上
材料：紧实的水仙鳞茎（在园
艺店可买到），1个玻璃
的蛋糕模具，一些玻璃
弹珠或小卵石

1. 将玻璃弹珠或卵石平铺在容器底部，使其达到容器一半的高度。

2. 将水仙鳞茎一个挨一个地紧密摆放在上边。

3. 在容器中加入水，但不要弄湿水仙的鳞茎。容器整体放到阴凉黑暗处搁置三天，根就会长出来了。

4. 将容器移到窗前。你会观察到，水仙的根慢慢从玻璃弹珠或卵石的缝隙中钻了进去。

　　为了使家里更加色彩斑斓，还可以将黄水仙和番红花跟水仙花交叉种植。

迷你发芽室

年龄：5岁以上
材料：带盖的塑料盒子（超市里装食品的盒子就可以）、一些细香葱、水田芹和小麦的种子（在园艺店或杂粮店可以买到）、餐巾纸
工具：1个小喷壶

在每个盒子的底部铺一张餐巾纸，然后将它喷水淋湿。

在上面撒上种子，然后盖上盒盖，并将盒子放置在阳光下。

定期给盒子里面喷一点点水。

注意观察里面种子的生长。大概一个星期后，就可以搭配白奶酪一起来品尝这些新鲜发芽的作物了。

种植风信子

年龄：5岁以上
材料：紧实的风信子鳞茎、木质牙签、不同大小的空果酱罐

1. 在风信子鳞茎的侧面插入三根牙签，当作支架。

2. 将鳞茎架在果酱罐口。

3. 在罐中倒入水，使水面刚好碰到球体底部为宜。

4. 把罐子放置在有阳光的地方。

我们还可以用同样的方式来培育鳄梨。这个过程很漫长，大概需要几个月的时间。不过在这个过程中并没有什么特别需要注意的地方。

来自沙子和石头的艺术创作

海边的沙滩常被认为是充满着浪漫情调的地方，像"海浪漫过沙地，擦去了情人们的足迹……"这样的歌词非常多。孩子们喜欢在海边嬉戏，喜欢玩沙子和捡拾卵石。在离开海滩的时候，不妨带一些沙子和石头回家搞一些艺术创作（如果海滩管理方不允许带走任何东西时则不要这么做）。

准备过程

清洁

用布蘸取少量白醋擦拭卵石，再用刷子蘸着肥皂水清洗，然后冲洗干净。在风干的过程中观察颜色的变化。

加工

孩子们平时都很喜欢拿着排笔在空白的地方随意涂抹。现在，完全可以慢慢教会他们使用丙烯颜料来给卵石上色，这种颜料比水彩的覆盖度好，色彩也更鲜明。为了保证效果，多刷上几层是必须的，但每刷完一遍都需要先等待颜料完全干透后再刷。在刷涂颜料之前，要提前铺好旧报纸，保证不弄脏工作台（桌面或地板）。

组装

在组装和黏合的时候，一定要注意在堆砌卵石的过程中保持好整体的平衡和协调。圆形或椭圆形的大块卵石会被用来当作"身体"，中等大小的圆形或三角形卵石被当作"脑袋"，最小的卵石被当作"嘴"和"耳朵"。在黏合的时候可以使用万能胶。为了黏合得更结实，在涂上胶之后，也要用胶带固定至少一个晚上。

地景艺术

这种艺术形式被称为地景艺术，它是用在自然中所获取的各种元素来创作的！

这种创作往往都是就地取材，户外的树叶、鲜花、树枝、野果都是可以使用的元素……但如果赶上下雨天，我们在家里也同样可以进行创作，比如就用孩子们在河边或海边散步时捡回来的一桶小石子。

把卵石从最小（在中心）到最大（在边上）的方式呈螺旋形摆放，完成一个蜗牛壳的造型。

按照不同的颜色对卵石进行分类，并按照不同的规则进行排列：比如按照从颜色最浅到最深，或者按照卵石上纹理的多少……

观察与沉思

对于现在的孩子来说，老老实实待在那里什么都不做是很罕见的一种现象。

不过，这也不一定哦。观察与沉思也是需要学习的。

如果赶上暴风雨来临时，可以让他们试着独坐在角落里发呆，感知时间就像握在手中的细沙，总是在不经意间从指缝间悄悄流走。爸妈可以带他们一起去海边散散步，看夜晚降临，并且太阳也隐匿了身影。天气这么舒爽，为什么不在海边收集一些卵石回家做纪念品呢？

花些时间来挑选这些卵石吧。

根据大小、材质和颜色，把卵石进行分类。有的卵石和手掌一样大小，可以试着握紧它，然后再松开，去感受它的力量。最终选定几颗卵石带回家，可以和孩子一起通过加工赋予它们新的生命。捡卵石最多三四颗就好了，毕竟海岸是受到保护的，不能过度开采。

迷你的禅宗花园

有人说，对于这些花园的介绍不过是一些荒诞而夸张的杜撰，用来迷惑人的——别轻信这种说法，看看孩子们是如何拥有这样一座迷你的禅宗花园的吧！

这种简约的花园能带给人宁静和沉思。在东方人看来，根本无须对大自然做出太多的雕饰和改变。在静思的时候，用耙或树枝在整块平台上勾勒出整齐的线条来，使这一切看上去和谐而完美。

在一块木质的平台上，铺上 2 厘米厚的沙子。可以根据自己的想法来选择，比如河边的金色沙粒、枫丹白露的白色细沙或是布列塔尼海滩的黑色沙粒。摆放上精心挑选的几块卵石，然后用一段树枝把沙面刮平。仔细观察下孩子们在一旁注视和参与其中的时候，是否都很安静？

年龄：6 岁以上
材料：1 块卵石、颜料
工具：1 支铅笔、1 支画笔、1 支不透明的白色水笔

疯狂的石头

要根据卵石的形状和颜色，来决定如何对它进行修饰。可以帮着孩子一起设计，但图案不必太复杂，比如可以选择在石头上就写个"砰"，简单明了。

这些石头，可以用来做挡门石，使门一直开着而不被关上；或者被当作镇纸，防止桌上的纸被风吹跑。

我们可以在石头表面写上各种风的名字，比如西北风、东南风、朔风、微风等等。

1. 用铅笔在洗净晾干的石头表面先描出想要写的文字的轮廓。

2. 在文字里面可以涂上接近卵石本身的颜色。

3. 然后在文字的左侧和上面刷上更深一些的颜色。

4. 在文字的右侧和下面刷上白色。这样看上去，这些字就像是刻在石头上的一样。

美丽的剪纸

孩子们都很喜欢玩剪纸游戏，他们甚至已经有些迫不及待了。另外，这个游戏的成本也不高，还能让孩子学会如何用好剪刀。咔嚓，咔嚓，当我们将剪好的图案展开的时候，奇迹就出现了！

千万别忘了——否则就会遭受批评！——剪刀尖要保持朝前，然后通过转动手中的纸张来完成剪纸的花纹。

年龄：7岁以上
材料：长度足够的彩纸、柔韧性好的纸张
工具：几把剪刀（根据孩子的数量而定）、1支胶棒和1支铅笔

先将正方形对折

选择大约 10 厘米 × 10 厘米面积的正方形纸张。对折。然后用铅笔勾画出一半的图案，沿着线把它裁剪开，再将纸张打开，就会得到一幅完整的图案。

用同样的方法，可以再绘制一幅新的图案，不过在勾画一半的图案时，要以折线为轴。这样就会得到一个正反两面相同的图案。

还可以尝试在折叠好的纸上用曲线画出更复杂的图形：比如桃心、海藻和奇形怪状的鱼之类的。不过，请记得是要在折叠后的长方形上画这些图案，而不是在正方形上。

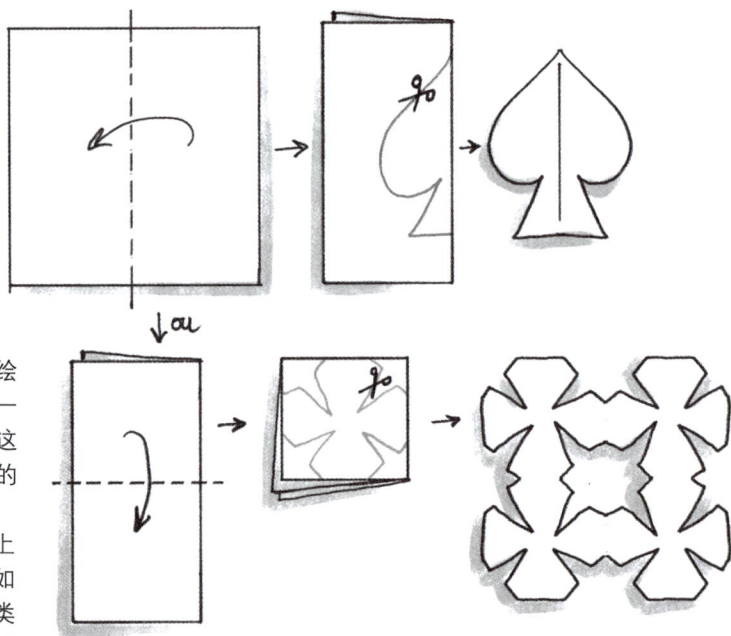

装饰：用不同材质和颜色的纸张所剪出来的各种造型，可以作为装饰花纹贴在窗户或门上。如果是用稍厚的纸板来制作的，那么它也可以作为个性化的友谊卡片送给朋友，或是在给蛋糕撒糖霜的时候，用来做镂空花纹模板。

手风琴式的剪纸

将一张足够长的纸带进行规则的折叠，使它呈现手风琴一样的形状。

至于折叠的次数，则取决于剪刀能够剪开的厚度。

在折叠好的纸上，画出想要的图案，然后将所有层叠在一起，沿着线一并剪开。

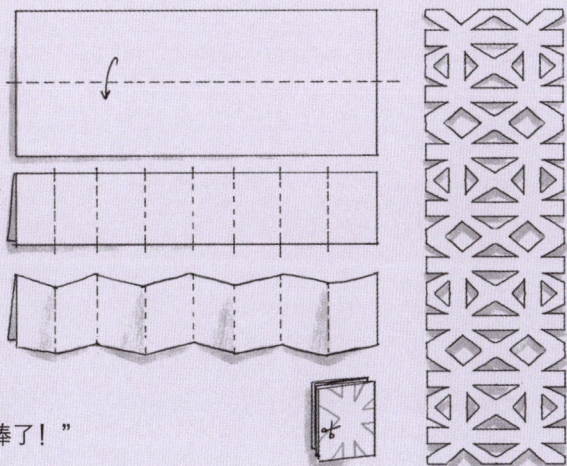

第一个连贯剪纸作品就完成了，"太棒了！"

剪纸杯垫

取一张正方形的纸，按图示的方式沿对角线和中线反复折叠四次，得到一个面积为这张纸 1/8 大的三角形。

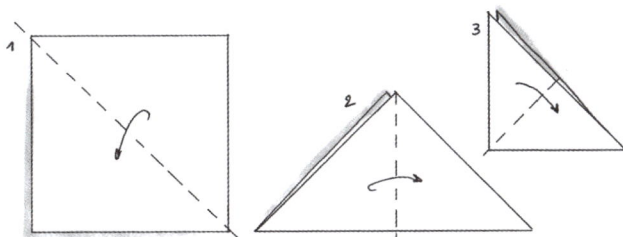

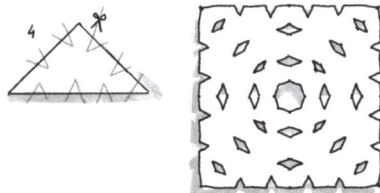

然后沿着折线，任意剪出各种形状。再将纸张完全展开，看看效果是不是很奇妙！

万圣节应景南瓜小物件

万圣节就要来了，除了买一些商店里现成的小物件来装饰家里外，其实还可以自己动手做一些应景的挂饰，这会让你的万圣节变得与众不同！

纸糊的小南瓜灯

南瓜是葫芦科植物大家族中的一员。而要想用纸制作出惟妙惟肖的小南瓜灯，最好选用一种叫"小杰克"的小南瓜来做模子。用这种方法制作的南瓜灯，能保存的时间可要比那些在万圣节晚会上使用的南瓜长久得多！

> 年龄：8岁以上
> 材料：和橙子差不多大的南瓜、报纸、墙纸胶、白胶、橙色和黑色颜料、精炼食用油
> 工具：1把剪刀、1把裁纸刀、画笔

1. 保持工作台的整洁。准备好墙纸胶，把报纸都裁成大约1厘米宽的纸带。先在南瓜的表面刷一层油，然后把准备好的纸带涂上胶，粘在南瓜表面，并用指尖抚平，保持南瓜本身的平滑曲线。随着贴纸的进行，纸带会有所重叠。不过，外边粘的纸带越多，那么最终做出来的南瓜就会越结实。每粘完一层，都需要让纸在空气中自然风干。

2. 在表面刷上一层白胶。

3. 接下来就进入到一个关键步骤。将南瓜小心地掏出三个窟窿（作为眼睛和嘴巴），然后将里面的"小杰克"南瓜取出来，再用一些纸带涂上胶，分别从里外两个方向对纸南瓜的"外壳"进行局部修补和整理。等胶干透之后，再将三个窟窿的边缘仔细修整好。

4. 将纸南瓜的里面和外面都涂成橙黄色。

5. 再给外面涂上一层精炼食用油。现在，一个惟妙惟肖的小南瓜灯就做好了。还可以在上面加上自己的名字，或者根据自己的喜好给南瓜做一个绿色的柄。

隔壁的邻居

根据万圣节的传统，孩子们会乔装打扮后去敲邻居家的门，然后说："不给糖就捣蛋"。邻居们就会从口袋里拿出一大把糖果送给小朋友。当然，前提是爸妈们同意这个游戏的规则，并且愿意配合：比如在学校里，在一些休闲游乐活动现场，在一个热衷英语和英语国家文化的社区，或是周围的人都喜欢这个节日。

"是现实还是神话故事？"

孩子们所感兴趣的，是在这个晚上可以吓唬人，可以做一些平时不被允许的举动，可以穿一些奇形怪状的衣服。但同时，10月31日的这个夜晚，也是爸妈教会孩子如何分辨现实和神话故事之间区别的好机会。

橙色的节日

对于小孩子来说，鲜血和吸血鬼并不是他们感兴趣的，吸引他们的是万圣节美食。在一系列橙色美食当中，南瓜仍然是这个节日的女王，不过还可以选择高达干酪、胡萝卜、小柑橘、橙味儿软糖和金黄色的小蛋糕等等。

窗上的蜘蛛网

年龄：5岁以上
材料：白垩粉，少许的水
工具：1把小汤匙、细头的画笔、1根棉签、1个小玻璃罐、厨用擦手纸

在大自然中，还有比蜘蛛网更专业的几何图案吗？借万圣节的机会，可以改变一下家里的日常装饰，在孩子够得到的玻璃窗上点缀几张"蜘蛛网"。当然了，在过完节之后，需要把玻璃擦干净！

1. 在玻璃罐中倒上水，加上几小勺白垩粉，不停地搅拌，直到杯中溶液成为黏稠的液体为止。
2. 要保证玻璃是干燥的。先试验一下，如果效果不好，就擦掉重来。
3. 在玻璃的方框内，画一个尽可能大的圆形，作为蜘蛛网的轮廓。然后在圆形的正中心画一个小圆，所有的线都由这里发散出去，最终到达蛛网的边缘。

老巫婆的手指

年龄：5岁以上
材料：200克面粉、120克黄油、70克糖粉、1个鸡蛋、1勺发酵粉、一些完整的杏仁

1. 将面粉、黄油、糖、鸡蛋、发酵粉等混合搅拌在一起，揉成一个软面团。
2. 将软面团放置在冰箱里半个小时。打开烤箱，调至5档恒温状态（约为220℃）。在烤盘上铺一张专用的烧烤纸。
3. 用面做成一根根手指长度的小棒，放在烤盘上，用牙签画出手指上的褶皱。
4. 将杏仁去壳，然后嵌入"手指"，当作指甲。
5. 烘烤20分钟，然后晾凉即可。

动动手，让圣诞节满屋飘香！

一家人一起过圣诞，组织起来确实有些复杂。

这一次，爸爸妈妈和孩子们一起动手，为家里增添一些小装饰，既能让整个房间大放异彩，还能满室生香呢！

闪闪发光的圣诞树

在圣诞节的时候，如果家里没有任何圣诞树的装饰，该是一件多么遗憾的事啊！但为什么不自己制作圣诞树呢？无论是裁剪还是设计，对大人和孩子来说都容易完成。如果孩子们没有足够的耐心，大人可以提前两周就先把它们裁剪出来。看！只几天的光景，一棵圣诞树就做好了。还可以设计出不同的高度和造型的圣诞树，加上光线的效果，整体的感觉会更好。在12月25日的前几天，完成最后的步骤：将圣诞夜会回来的家庭成员的名字分别写在每棵圣诞树上。而且，对于那些没办法回来过节的家人来说，可以给他们寄去一"棵"没有蜡烛的圣诞树。

年龄：7岁以上
材料：铝箔纸（从冷冻食品包装盒上回收利用的即可）、保温底座蜡烛、旧报纸、胶带、纸板
工具：剪刀、圆珠笔

1. 在纸板上画出不同造型的圣诞树轮廓。比如，用各种三角形图案组合在一起就是最简单的圣诞树造型。在最下边预留出一块长条纸板，随后会用来包裹圣诞蜡烛。

2. 将报纸折成两折，塞到铝箔片下边，而不是把铝箔片夹在中间。将圣诞树形的纸板放在上边，然后用圆珠笔描出圣诞树的轮廓，再沿着轮廓剪下来。

3. 用圆珠笔在每棵圣诞树的背面画出不同的装饰图案，但要让图案的轮廓能透到前边。要注意的是，从背后写字，从正面看到的是相反的！

4. 用胶带在每棵"圣诞树"的根部固定一支蜡烛，并将它整体放在托盘或一个大平盘里，然后摆在远离窗帘和圣诞花环的地方，再点亮蜡烛。不要让蜡烛燃烧太长时间，这样更安全！

芬芳的柑橘花环

这些由果皮和香料组成的花环，既可以当作项链，也可以用来装饰房间，使家里香气缭绕。在将这些不同材料穿成花环的过程中，孩子们也许还能帮爸妈一把。

年龄：7岁以上
材料：拉菲亚草纤维（酒椰叶纤维）、食品用绳、橙子、黄柠檬或青柠檬、月桂树叶、1根肉桂棒、1根香草棒、调味丁香
工具：1把刀子、1个削皮器、1块小砧板、1根粗针、1个钻头、1个大碗

1. 准备好所需要的素材。先从最硬的肉桂棒开始，把它们切成3厘米长的小段。如果太厚的话，可以先将树皮剥掉。在每一段的中间用结实的针或钻头穿一个小孔，然后放在一边备用。

2. 在处理香草棒的时候，就简单得多了：直接切成3厘米左右长的小段就好了。

3. 接下来就要处理水果了。将水果的果皮竖着剥下来，去掉白色的内层果皮，只留下橙色的外层果皮。剩下的果肉都放在沙拉碗里。

4. 现在已经准备好了肉桂段、香草段和小块果皮，接下来就可以根据自己的喜好来把它们穿起来了。先将一小块肉桂棒穿在线绳上，然后绕着打一个结，作为花环的开端。至于各种果皮，要先把它们捻成筒状，再穿到线绳上。

5. 为了防止腐烂变质，可以在每块果皮上加一支丁香。当所有材料都依次穿好之后，把线绳另一端也系在第一块肉桂段上，这样一个花环就做好了。

6. 将做好的装饰花环在卧室或客厅里挂起来，比如可以挂在暖气的上方，但不要放在潮湿的地方。在几天的时间内，这些花环会慢慢变干，但同时也会散发出芬香的气味。

丁香橙

丁香是一种非常不同寻常的香料，厨师和牙医都对它偏爱有加，它的味道、气味和芳香都很独特。我们可以用它来制作一种非常精致的圣诞小礼物。橙子会一点一点地缩水变干，但香气却能保持很久，甚至是几个月时间。

年龄：7岁以上
材料：1个有机小橙子、丁香、细缎带
工具：1个小挂钩、1根牙签、1把锋利的小刀

1. 将橙子洗净擦干。用小刀的刀尖在上面钻一个小洞，然后插进一支丁香。选择好要画的图案：一只蜗牛、一枚星星、一个名字，或者只是简单的横线或者竖线。然后按照图案的样子，将丁香一支一支地插在橙子上。这个过程有点长，而且需要很仔细，但也不要把水果表面都插满丁香！如果两个人交替来完成，那么这个过程会有趣得多。

2. 做好的丁香橙会被当作装饰挂起来。在此之前，可以在它的表面缠上缎带，就像一颗复活节彩蛋一样。

改造装鸡蛋的盒子

从查理大帝时期（公元9世纪初）一直到18世纪，基督徒在复活节前的40天时间（四旬斋）里都不能够吃鸡蛋，人们只能把鸡蛋保存在蜡或羊油里面。在中世纪，人们开始装饰这些鸡蛋，并且把它们作为传递友谊和问候的物品。

对于那些装鸡蛋的盒子，爸妈可以做一些不同以往的处理。只需要稍微剪剪画画，装鸡蛋的盒子就变成了"宝藏"，孩子们会很开心的！

"饱满"的鸡蛋

年龄：6岁以上
材料：鸡蛋包装盒、鸡蛋
工具：1把小刀、1把剪刀、1把裁纸刀、1支画笔、1个碗、颜料、抹布、1把小刷子、肥皂、胶、1根粗的编织针、1把镊子、不褪色的水彩笔

1. 先检查下蛋壳是否有裂痕。用热肥皂水将鸡蛋表面洗净，然后用抹布蘸些白醋擦拭蛋壳，除掉表面油脂。
可以选择把鸡蛋煮熟（如第2步所示），或者把鸡蛋的蛋清蛋黄掏空（如第3步所示）。
2. 将鸡蛋煮熟。在沸水中煮9分钟，然后放入凉水中冷却。
3. 将蛋清和蛋黄掏空。鸡蛋越新鲜，就越容易掏空。用针在鸡蛋的两端各钻一个3毫米左右的孔。用镊子将蛋壳里边的薄膜取出一部分，将蛋黄搅散，并和蛋清混合在一起。在鸡蛋下边放一个碗，用力从上边的孔往鸡蛋里吹气，使蛋液从下边流出。
4. 将蛋壳放入肥皂水中洗净。
5. 将蛋壳放在纸巾上晾两天，使其内外干透，然后再按照自己的喜好画上各种图案。

74

用水彩笔作画

对于孩子们来说，用水彩笔画要相对容易得多，而且还可以收到很好的效果，因为水彩的覆盖能力比其他颜料强。可以建议孩子们在蛋壳上画个人像，那一定很有趣。

风铃

如果大家都参与制作，每个人都用心地完成自己的那部分工作，那么整个家里就能挂起两到三个风铃。制作这些风铃，会使用到鸡蛋包装盒里最尖的圆锥部分。将这个圆锥部分从外边剪下来并清理干净。分别用三四颗珠子来制作两个小吊坠，使它们碰撞在一起能发出清脆的响声。将珠子从底下穿过圆锥形小筒，然后在上边打一个结。

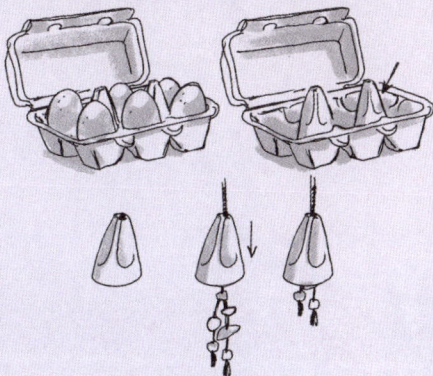

巫师脸谱

制作这个巫师脸谱，主要是使用鸡蛋包装盒的盖子，而且制作面具所剩下的部分正好可以作为材料。在完成基本黏合工作后，在表面统一刷一层白色颜料，然后再根据自己的想象力来自由涂画就好了。

给鸡蛋染上美丽的颜色

染色使用的是天然的食品染色剂和色素，不用担心它有任何的不良作用。而且，在做完这个游戏后，当天就可以把鸡蛋吃掉，绝不浪费。为孩子准备一个小的操作台：比如铺好旧桌布的桌子，然后戴上橡胶手套。

1. 如果想要将鸡蛋壳染成棕色，可以用洋葱皮；如果想染成金黄色，可以用番红花。将选好的染料放在水里，煮沸 10 分钟。放入鸡蛋后，再煮 15 分钟。

2. 如果想染成绿色、红色或其他颜色，可先把食用色素放入冷水中溶解，然后再进行后续的操作。

面具

让孩子们仔细观察鸡蛋的包装盒，在上面找出与我们的鼻子和眼睛相似的部分。按照上图所示，将包装盒剪开。剪下来的盒子部分正好和孩子的脸差不多大小。然后在上面涂上颜色。可以根据自己的想象自由涂画和上色，然后挂在墙上作为装饰品。

小母鸡

制作出来的"小母鸡"可以当作盛放鸡蛋的器皿。

按照右图所示，从鸡蛋包装盒的角落处将一个圆锥形小筒连同旁边空白部分一起剪下来。用彩纸裁剪出鸡冠、喙、眼睛和嗉囊，粘在上边。再用纸剪出一些羽毛来贴在尾部。最后，别忘了在上边放一颗巧克力蛋哟！

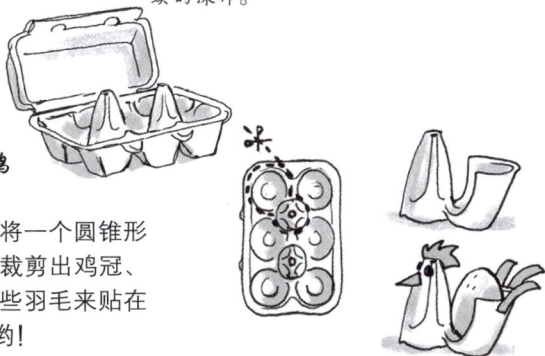

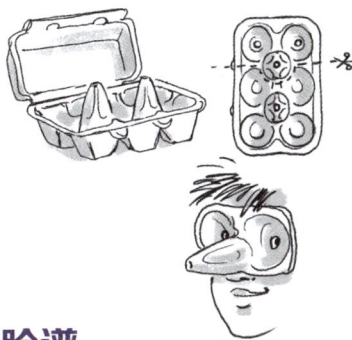

可以反复玩的折纸游戏

随便找一张纸，只要稍加指导和练习，孩子就可以用自己灵活的手指，轻松折出盐盅、小鸡、平底杯等各种花样，做一架能飞的纸飞机也并非难事。

盐盅

这种折纸对于成年人来说，是那种能让人产生一系列回忆的东西，因为小时候经常玩。而且在如此简单的折纸游戏背后，还隐藏着一个"真心话"游戏呢。

先按照下面的图示来进行折叠，压出折痕，然后再把纸铺平。将上边的八个三角形分别涂上不同的颜色。然后翻过来，在背面的八个三角形里分别写上一个问题。然后再重新按照折痕迹折叠起来，将两只手的大拇指和食指插进去，通过手指一开一合，每次会展现出四种不同的颜色。

年龄：7 岁以上
材料：1 张回收再利用的 17 厘米 ×17 厘米的正方形纸张
工具：1 把剪刀、8 支彩色铅笔

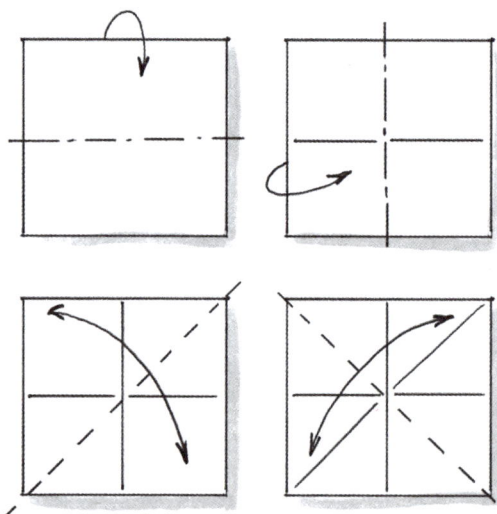

76

真心话大冒险

　　游戏者把手指放在"盐盅"下边，然后提问："多少次？"另一个游戏者要在 2 到 10 中随便回答一个数字，然后第一个游戏者会将"盐盅"一开一合地操作相应的次数，接下来提出第二个问题："你选择什么颜色？"第二个游戏者指定一个颜色后，第一个游戏者就会把纸打开，然后找出相应颜色所对应的问题进行发问，这些问题很多都是我们当面不好意思说出口的，比如："你是不是最漂亮的？你害怕小狗吗？你最喜欢的兄弟是谁？阳光会让你变得更美吗？"当这些问题都被问过一遍之后，我们就重新再做一个"盐盅"，然后再写下另外的八个问题。跟孩子们一起来准备这些天真或调皮的小问题，本身就是很大的乐趣。

平底杯

这个折纸游戏一般是这么开始的，"敢不敢打个赌，我能让你用这张纸来喝水！"然后，就在大家的注视下，用一张厚一点儿的 A4 纸按照下面的图示折出一个平底杯来。

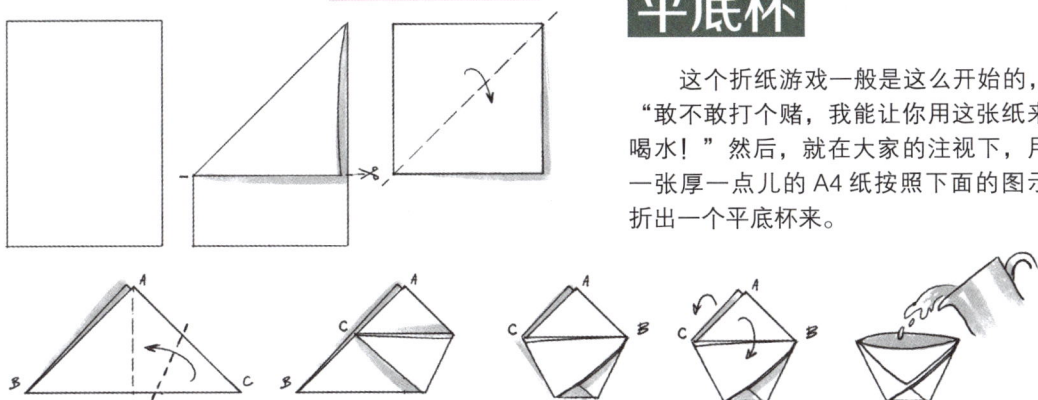

纸张的回收再利用

把各种回收再利用的纸张都放在在一个纸箱里，供孩子们玩折纸游戏。看看这些纸：
前一学年作业本中剩下的空白纸张，被抚平的装面粉或糖的包装纸袋，一些装饼干的纸盒，一些巧克力的外包装，一些装水果的纸带子，一些旧杂志或广告册之类的……

恐怖之舟

77

纸飞机

又是一个经典的折纸游戏，好像又把大人们带回了孩童时代。那时总是在教室里比赛看谁的飞机在空中飞得最久，而当老师回来的时候，大家都假装谁也没看到那些掉在地上的纸飞机。可以教孩子们尝试用不同的纸来折纸飞机。不过这些飞机一般都是在滑翔一段之后就重重栽到地毯上，或是从窗口飞了出去，掉落到了庭院之中。

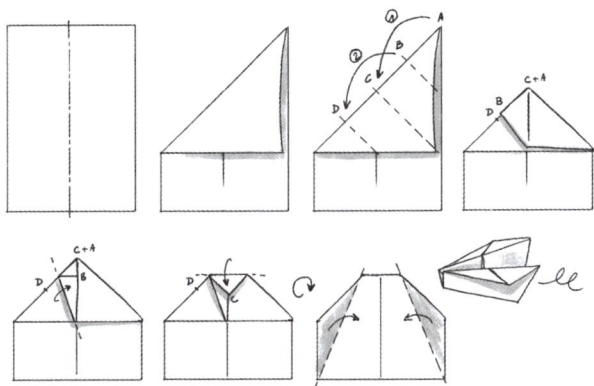

和家人一起，超开心

和家人一起，超开心

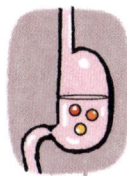

能将五种感觉装进去的神奇盒子！

藏在抽屉底部或散落在孩子房间角落里的这些看似不起眼的塑料小玩意儿，简直太神奇了！把它们收集在不同的盒子里，就成了一些变化无穷的"宝箱"。感觉很不可思议？那就快来看看吧！

年龄：4岁以上
人数：2人
道具：5个带盖的鞋盒，旧杂志（用来包装纸盒子），从报纸上剪下来的一些字，剪刀和胶。每个盒子都要代表一种感觉：触觉、听觉、味觉、嗅觉、视觉。

触觉箱

游戏的目的是在一堆东西中触摸出某个物品。第一个游戏者双手背在后面，他需要判断依次放入他手中的东西是什么，然后说出它们的名字。

1. 孩子们很喜欢收集和保留那些"不能扔掉"的乱七八糟的东西！

比如说： 松果、卵石、小树枝、蜗牛壳、树叶、蚕豆、贝壳、工具箱、文具盒和针线包里的各种小零件等。

2. 如果是好几个人一起玩，那么还可以选择在他们背在身后的手中放一些出其不意的东西：潮湿的沙子、果酱、一段毛线、粗麦粉、冰块、栗子壳、彩色纸屑、纸团、钥匙……在游戏结束前，不要透露答案。要提前准备好擦手的毛巾！可能需要提前做些准备，不过游戏的效果绝对有意思！

听觉箱

1. 游戏的目的是，在看不到任何动作的情况下判断出某种声音。这个游戏需要提前试验下这些声音的效果。

一些建议： 将一杯水倒入另一个杯子，将一张纸揉成纸团，砸开一颗核桃，钉 根钉子，点燃一根火柴，摇晃一串钥匙，拍手，拧开和关上一个塑料盒的盒盖，打开一听易拉罐汽水，吃一个苹果……将这些需要用到的素材都放在盒子里。

2. 盒子里装一台录音机，当然，用手机也是可以的。在孩子们不在的时间里，您提前录好他们身边的一些人的声音。每句话的每个字的发音都要和平时说话有所区别。您也可以改用朗诵或歌唱的语调。

为什么不在盒子里放上几只木质的、金属的或皮质的哨子呢？游戏结束后，把它们作为礼物送给孩子也是不错的选择。孩子们一旦掌握了这些乐器的吹奏技巧，就可以模仿出鸟儿鸣叫的声音，或者很轻松地告诉大家吃饭的时间到了！

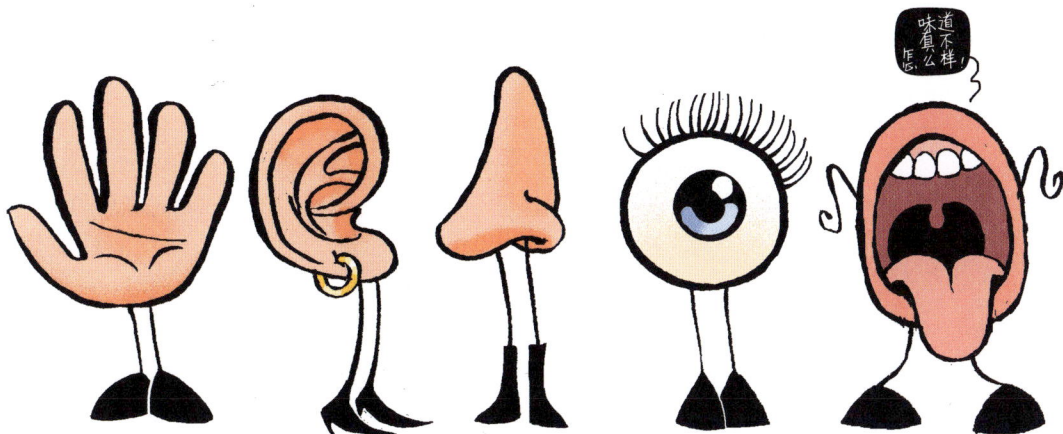

味道看起来怎么样！

味觉箱

1. 可以找热爱摄影的朋友要一些空的塑料胶卷盒，放到味觉箱里，然后再加上几把节日餐桌上用剩下的小咖啡勺。

2. 每名游戏者闭上眼睛来品尝每一种食物，并把它们辨认出来。如果某些食物的气味也很有特点的话，还会要求游戏者在品尝之前先捏住鼻子。可以选择以下食物作为游戏素材：果酱、蜂蜜、面粉、咖啡粉、茶叶粉、果汁、热可乐、冰咖啡、温牛奶。

嗅觉箱

一般来说，有小朋友的家中总是会有一些用过的小奶瓶，这些小奶瓶完全可以用来盛放那些我们要猜的"味道"。我们会在奶瓶底部铺一层棉花，然后把这些带有气味的神秘物品放进去，再将奶瓶外边用彩色的纸包裹起来，放进嗅觉箱里。游戏者通过嗅觉来辨认这些气味，然后给出他们的答案。这些奶瓶要分别放在房屋的各处："不能通过它们的颜色或滋味来判断，只能用嗅觉！"在嗅的时候，要迅速打开和关上瓶子，以免和其他瓶子中的味道混在一起。

备选物品： 香料、稀释的漂白水、柑橘花、醋、大蒜、薰衣草、柠檬、燃烧过的纸灰……

视觉箱

1. 在这个纸盒中，您可以放置各种跟针线活相关的物品：线团、剪刀、针、顶针以及各种颜色和形状的纽扣等。

2. 将这些东西摆放在桌子上，然后让游戏者上前。

3. 每个人经过观察后要尽可能多地记住所看到的物品。随后，这些物品会被布遮盖起来。游戏者要来回答他都看到了什么。如果遇到不认识的物品，游戏者可以选择描述这个物品的形状、颜色、用途，或是回答游戏主持者提出的问题。

4. 这个游戏可以在短时间内反复来玩，主要是比谁能够更专心，以及谁的瞬间记忆力更好。孩子可以和爸妈一起来给游戏添加不同的素材。

制作一本特别的美好记忆记录本

像大人们一样，孩子们也会遇到一些想保存起来的图画，一些不愿忘记的美好词句，各种各样的清单，以及一些不愿意别人知道的秘密……那么，来亲手制作一本属于自己的个性化记事本吧。

收集素材

您可以收集各种各样的纸张。从现在起，开始收集您的"战利品"吧。这里有一份写在小本子上的清单，您可以看看。当然也可以时不时去跳蚤市场转转，也会有收获的！

纸张的回收再利用

智力游戏票
谷物包装盒
玩纸牌游戏多出的纸牌
城市地图或者公路图
花卉名录或是装花种的纸裹
牛皮纸信封
礼品包装纸，但不要玻璃纸那种
网格纸
乐谱或手抄稿
电影票或戏票
招贴广告或节目单
公交车时刻表
邮票
剩下的您自己补充吧！

最简单的记事本

年龄：7岁以上
材料：纸、各种胶、装饰胶带、线绳、拉菲亚草纤维（酒椰叶纤维）
工具：1把剪刀、1把裁纸刀、订书机

记事本的大小取决于内页和封皮的大小。至于本子有多少页、要做成什么颜色以及要选用什么样的纸张，则可以根据您自己的喜好来决定。

1. 裁剪出若干页同等大小的纸张，然后将每张纸对折，这就是本子的内页大小。这么一来，封皮的大小也就确定了。
2. 用薄纸板裁剪成同等大小，并根据自己的喜好进行装饰。然后对折，再把之前折叠好的内页叠好塞进去。
3. 如果本子不是太厚，就用订书机钉起来；如果太厚了的话，可以使用彩色的线绳把它缝起来。
4. 用线绳在内页折痕上来回缝两趟，然后打结系紧。再用装饰胶带把线头粘在书背上。

世界糕点大全

用一张纸做的小本子

年龄：7岁以上
材料：1张A4纸
工具：1把剪刀

这一次，来学习如何用一张纸制作一个8页的小本子。

取一张A4纸，按照下图所示的方法，折成8块面积相同的区域。

将纸张重新打开，但保留所有折痕。然后按下图所示，用铅笔给所有页面编号。将纸纵向对折，然后将6和1、5和2之间的折线剪开。

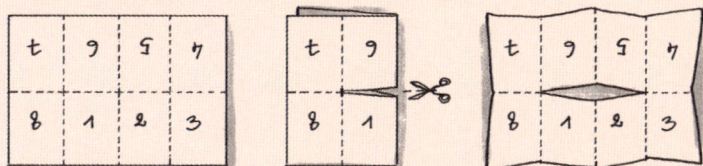

将纸横向对折，然后将2叠在1上，
3和4叠在2上，
5和6叠在4上，
7和8叠在6上。
最后再折一下，让1和8分别在两侧。

各种各样的小本子

爷爷的乐透彩票本 8.5厘米 x 8.5厘米

用画有乐透填格游戏的纸板来制作本子的封皮，而本子的内页用来记录接下来乐透开奖的日期以及个人的评论。平时不用的时候，可以拿一个金属夹子把本子夹起来。

罗丝的曲线本 4.5厘米 x 8厘米

谁能猜出这个本子里到底藏着什么秘密吗？其实，她还收集了一系列相同大小的本子，都是用两枚订书钉装订起来的。

雷欧的森林手册 10厘米 x 96厘米

雷欧有一个手风琴本子，他和爷爷奶奶一起把在森林里看到的风景和动物都画在了本子上。封皮是从旧字典上拆下来的，先用牛皮纸粘贴在外边加固，再用彩色铅笔画好图案。最后，用一根橡皮筋将本子箍起来。

马丁的旅行手记 11.5厘米 x 14.5厘米

马丁在本子上记录了和奶奶一起去圣米歇尔山旅行时走过的线路和穿过的地区。

1、2、3，快来玩纸牌游戏！

孩子们并不喜欢太复杂的纸牌游戏。当然，这也与每个家庭的不同习惯有关。兜里装上两副纸牌，就可以随时来玩"颜色游戏"或"七个家庭"等经典纸牌游戏。

红心家族

年龄：6 岁以上
人数：3 到 5 人
道具：1 副 52 张的纸牌

让我们重新投入到"弗朗索瓦一家"的经典纸牌游戏之中吧。先按顺序发牌。然后，第一个人对着其他游戏者中的一个人说："我在找弗朗索瓦兹，红心皇后！"如果被问到的人正好有这张牌，就要把牌给他。接下来每个人依次提问，但要注意的是别弄错了弗朗索瓦一家的名字！在游戏过程中，每个人都要记住之前问过的问题和回答，以便能够向正确的人讨要相关的纸牌。那名率先将"弗朗索瓦一家"集齐的游戏者便是获胜者。

在红心家族中，父亲弗朗索瓦是红心 K，母亲弗朗索瓦兹是红心 Q，儿子弗兰克是红心 A，女儿弗朗塞特是红心 10，小狗弗朗苏是红心 9，小猫弗朗盖特是红心 8。

纸牌婚礼

年龄：4 岁以上
人数：3 到 5 人
道具：1 副 52 张的纸牌

我们把组成一对的两张纸牌称作"一对新人"：需要两张同样颜色和同样数值的纸牌。首先将所有纸牌混在一起（洗牌），然后铺开在桌面或地面上，牌面朝下，不能叠放。第一个游戏者随机翻开任意两张纸牌，如果正好是一对，他就把两张牌收到自己面前，如果不是，他就把牌再原封不动地扣回去。游戏继续进行，直到桌上的纸牌都被大家"瓜分"完毕。谁收集到的"对牌"最多，谁就是获胜者。

这是一个需要 42 张牌来进行的纸牌游戏。这 42 张牌特组成 7 个家庭，每个家庭为三代人、6 个家庭成员

重组一个家庭

谁第一个建立起一个完整的家庭，谁就是获胜者。"在卡洛特的家里，我需要找到她的儿子。好了，还有谁不知道规则吗？"这个游戏的玩法有很多，您也可以来创建自己的规则，根据家里人的兴趣特点来创建新的家庭：知识分子家庭、搞笑家庭、机械化家庭、小资家庭、音乐家庭、政治家庭、环保家庭！

天然纸牌

为什么不用 100% 纯天然的材料来设计一套属于自己的"7 个家庭"游戏纸牌呢？您只需要用松树皮就能完成：仔细地剥下一段松树皮，然后把它分成 42 小块 7 厘米 × 4 厘米的小块。然后将您在大自然中或花园里收集到的 42 种自然元素粘在上边，来组成 7 个不同的"家庭"，每个"家庭"包括 6 张牌：青草之家、鲜花之家、树叶之家、树枝之家、地衣之家、羽毛之家、树皮之家。为了让游戏更容易操作，可以给每个"家庭"的纸牌从 1 到 6 标上编号。

年龄：4 岁以上
材料：42 块松树皮和 42 种自然元素

黑桃J

年龄：6 岁以上
人数：3 到 5 人
道具：1 副 52 张的纸牌

这个游戏的规则就是尽可能多地收集"对牌"，但要避开黑桃 J。将纸牌中的梅花 J 取出。大家先抽牌比大小，抽到最大牌的人负责洗牌和发牌。每个人检查自己的牌后，把牌中已有的"对牌"拿出来扣在桌上。接下来，第一个游戏者让左边的同伴从他手里的牌中随意抽取一张，如果后者抽到的牌正好可以跟手里的牌组成一对，则把这两张牌扣在桌上，如果不是，那么就要把这张牌也混在自己的牌中，然后让自己左边的同伴抽牌。大家都要尽可能不要拿到黑桃 J，或者把手中的黑桃 J 给出去。当游戏结束时，最后拿着黑桃 J 的游戏者，就是输家。

摊牌：这个游戏有很多其他的名字，比如倒霉者、讨厌鬼等。在这个游戏中，黑桃 J 代表着不走运！年轻人在玩这个游戏的时候，输家会受到很多"惩罚"，比如手背被拧一下，被打一拳或者被掐一把之类的。但这些都是不被支持的做法。所以在游戏之中，我们也要告诉孩子，最厉害的人所制订的规则未必就是最好的。

说瞎话

年龄：6 岁以上
人数：3 到 5 人
道具：1 副 52 张的纸牌

这个游戏的规则就是看谁先把手里的牌出完，即便是利用谎言！首先，我们先确认纸牌的四种花色：红心、方块、梅花和黑桃。每个游戏者手中纸牌的张数都相同。第一个游戏者先亮出一张牌，然后报出花色。接下来，每个人依次给出相同花色的牌，但牌面朝下。在这个过程中，任何人都可以指认正在出牌的人为"说谎者"，然后翻开他出的牌。如果他真的说谎了，就得把桌面上所有的纸牌都收走；如果他说的是真的，那么指认者就要把桌上的牌都收走。第一个出完手里所有牌的人就是获胜者。这个游戏最纠结的地方，就是让参与者看到了"作弊的好处！"但只有在这个游戏中才能说谎，在生活中可不行。明白了吗？

筹划一场完美的家庭演出

"太棒了！今天可以晚点儿睡，明天学校不上课……"爷爷说道。小朋友补充道："那我们来玩游戏吧！谁都不知道别人准备了什么，这样多有趣。"接着奶奶说："大家都在5分钟之内坐到自己的位置上来吧。"

各就各位

划分出三个区域：观众坐席、游戏场地和后台。要使用不同的灯光照明，并注意安全！还可以用皱纹纸做的大花儿或花环隔出一个庆祝的空间。将节目单张贴出来或者分发给每个人。主持人要戴上他独特的高帽子。

采用现成的方法

孩子们会唱歌？会演奏乐器？会跳舞或表演戏剧？会手技表演？会变魔术？会讲故事？和他们讨论各自要表演的节目，告诉他们重要的是表演，而不是比赛！提前准备好要讲的故事、要唱的歌和要跳的舞蹈，然后认真表演，做个乖孩子。

排练

这是必不可少的！如果要想让所有观众都获得快乐，那么就不要让他们游离在外。每个人都会轮流扮演表演者和观众的角色。主持人负责组织和安排演出顺序，这可是一个严肃的工作："可不是干什么都行的哦！"及时表扬每个孩子的优点：肢体动作的表现力、在场地中的空间感、声音、节奏感，还有团队合作精神！

把握气氛

　　如果您曾经主持过活动，那么您应该很了解如何在晚会上调动气氛。这台演出包括一些小游戏、歌曲和小故事。首先在开场的时候，应该把所有人聚在一起，并告诉大家这是一个多么令人开心的相聚时刻。接下来是要让气氛变得热烈，然后是大家一起神采奕奕地参与演出的过程，在接下来现场气氛会变得安静而亲切，最后在欢乐祥和的氛围中圆满收场。您可以准备一个备用小游戏，可以随时救场。

　　晚会的时间不宜过长，这样孩子们才会对下一次晚会满怀期待，同时也给您留出了提升的空间。晚会中的每一个小游戏，都可能衍生出一幕精彩的幕间剧。

备选节目单

每人一罐： 所有参与游戏的人围成一圈，一只手握成一个小罐的形状，另一只手的手指则代表一把小勺。主持人来发号施令，但他会嘴里说出一个动作，手上却做出另一个。具体指令是：“每人一小罐”，每个人把手指放到另一只手的手心；“邻居的小罐”，每个人把手指放进相邻的人的手心；“公共的小罐”，每个人的手指放在地上。

乐队指挥： 当指挥模仿某种乐器的时候，其他人要跟着效仿。游戏开始前，要先选出一个人作为指挥（具体细节参见第 116 页）。

（具体细节参见第 116 页）。

啪——嘭——： 游戏者围成一圈，第一个游戏者对身边的人说“1”，然后第二个人再对他旁边的人说“2”，依此类推。但游戏者不能说“5”，而要用“啪”来代替；也不能说“7”，要用“嘭”来代替。有人说错了？那就重新再来。

你手里是啥东西： 游戏者站着围成一圈，事先准备好三样东西（比如木棍、帽子和围巾），进行手递手传递。当主持人示意停下的时候，手里拿着物品的人要来到中间，并用手里的东西模仿另一样东西。

比如：可以用皮球模仿足球、西瓜或地球仪；用围巾模仿裙子、船帆或尾巴；用木棍模仿铅笔、牙签或竹马！

照镜子： 两个人一组，其中一个人当演员，另一个人当镜子。两个人面对面站立，演员做出动作，镜子用相应的动作回应。这个游戏重现了在更衣镜前所发生的一切！模仿表演要一直保持安静。

巫师： 这其实就是一个根据指令来做出不同造型或动作的游戏。游戏者在指定的空间内走起来，巫师则会敲打他们的手掌并发出“咒语”。“你们是涉水鸟，是稻草人，是风中摇摆的树，是火焰，是机器人，是一只公鸡，是一片羽毛，是举重运动员，是一条蛇……接下来会是什么呢？”

－ 什么时候我们能再玩一次呢？
－ 下次吧，到时候我们再多想几个游戏出来！
－ 说定了，但也会玩些不一样的吧？

让我们一起看电影！

没有什么能比在客厅里放映一部电影更有趣的事情了。

如今的孩子们能使用各种不同的屏幕来获取需要的资源。

当孩子们在家的时候，电视就失去了它们原有的地位和功能。

您根本控制不了他们看什么节目。

所以您不妨就做一名电影的推广者，为孩子们推荐更多好的影片。

年龄分级 3-6-9-12

对于"要如何控制孩子们面对屏幕的时间，以便让他们更好地成长？"这个问题，精神病学家及精神分析学家塞尔日·迪蒺隆建议我们根据不同年龄来区别对待。

3岁以前： 孩子开始建立他们对时间和空间的认知了。您可以和他们说话、玩耍，但不要让他们看电视！

3到6岁： 他们在感官上和行动上的才能开始显现出来。您要控制他们接触屏幕的时间，而且在他们看节目的时候，要和他们一起分享，一起谈论。

6到9岁： 他们已经能够理解游戏规则了。您可以给他们讲讲这些屏幕都是干什么用的，或者让他们给您讲讲也行！

9到12岁： 他们需要了解世界的复杂。您要教会他们如何自我保护，以及如何保障他们的利益。

12岁以上： 孩子们已经长大并开始自立了，但他们仍然还需要您！

取景

摄影，就是选取我们想要留存的画面。不同的图像取决于每个人的不同视角。面对一处风景，教孩子们用双手的大拇指和食指构成一个取景框。通过这个框，每个人可以选择自己想要记录的画面。每个人的选景都带有自己的想法。

选片标准

不要给孩子们推荐那些您自己都已经超过6个月没看过的电影。在选择电影的时候，您可以看看是否能满足以下条件：

1. 影片能满足孩子的好奇心吗？
2. 孩子能分辨出影片中的主人公吗？
3. 影片保留了一些神秘感吗？
4. 影片中是否有一些能够使孩子们产生共鸣的角色？
5. 影片中是否能找到一些孩子们认识的人的影子？

预告片

在您的电脑里选出三部预告片，不过您要先检查下这些片子中有没有不适合孩子观赏的内容。让孩子们先欣赏完三部预告片，然后告诉您他们更想先完整地观看哪一部电影。此外，等电影放映完再重新看一遍预告片也是件很有趣的事。它们的区别在哪里呢？电影中哪些情节并没有出现在预告片之中呢？为什么会这样呢？

一起聊聊这部电影

不要让孩子们立刻给出自己的看法。您站在那里，并不只是为了让孩子们对您表示感谢的，一部不会带来任何疑问的电影也不会多有意思！所以，给孩子们留出一些时间，让他们去上个厕所或洗个手，在回来的途中，先解答孩子们心中对电影的疑惑。回到房间后，再心平气和地一起聊聊："我想听听你是怎么看待这个故事的？你更喜欢哪一部分？在你心中谁是最重要的？谁在故事的开始和结束时变得不一样了？"尽可能围绕他们在电脑中看到或听到的内容来讨论。电影会让人在不经意间产生思考，而有些电影甚至会成为大人和孩子之间的共同记忆。

让孩子们兴奋的地方

对于小朋友来说，走进电影院就好像过节一样。在假期的时候，很多影院都布置得像狂欢节一样，孩子们肯定会喜欢的。您可以顺便给孩子们讲讲电影院的故事。当灯光暗下来之后，您就可以享受一段悠闲的时光了。在电影院里，孩子们会遇到许多小伙伴，也会遇到一部好作品。起初，孩子们会在黑暗中吵闹叫嚷，但当第一幅电影画面出现时，大家一下子就安静下来了。在电影放映的过程中，与大人们发出"嘘"的声音相比，适当的窃窃私语其实无伤大雅，只要不妨碍周围的人观影就好。孩子们已经沉浸在电影之中了！至于那些不停在问"为什么"的孩子，恐怕是因为爸妈没有选择合适的影片而已。

讲讲他的第一次

让孩子们稍微准备一下，然后来回答一份有关他们第一次到影院观影的问卷，而您则负责在影迷记事簿上记录下他们的答案。

1. 你第一次走进电影院是什么时候？看的是什么电影？那时候你几岁？是在哪里看的？谁陪着你一起去的？你对那次经历还有哪些记忆？
2. 你在电影院里看过的所有电影之中，最喜欢哪一部？为什么？你家里有这部电影吗？
3. 你更希望自己像哪部电影中的哪个角色？

你出谜语我来猜！

尽管我们以为在上语文课的时候，那写着字谜的纸条已经被遗忘在同学的衣兜里了，但其实猜谜游戏一直都没有变，而且这些猜谜游戏也一代又一代地传了下来。

我给你出道题，你一定不会！

"我像你这么大的时候，身边的小伙伴也是这么说的……那么，你的问题是什么？"赶紧拿出铅笔，一大堆谜题都要浮出水面了。

1. 什么东西总是藏在里面还总是湿漉漉的？ 舌头。
2. 随便一个词就能使它们分开，它们是什么？ 嘴唇。
3. 三只麻雀落在一根天线上会出现什么？ 一个奇数。
4. 我有后背，还有四条腿，但却不会走路，我是什么？ 椅了。
5. 谁待在角落里就能环游世界？ 贴在信封上的邮票。
6. 谁不用离开床就能起来？ 太阳。
7. 安娜的兄弟和姐妹一样多，但她的兄弟纪尧姆的姐妹却是兄弟的 2 倍，那么家里一共有几个男孩几个女孩？ 4 个女孩和 3 个男孩。
8. 在哪里周三会出现在周四后边？ 在字典里。
9. 什么东西给了别人之后自己还能保留着？ 说过的话。

"登峰造极！"

这个表达法，往往是表明"太过分了，超出了规则！"但用在这里却很有趣，因为有那么一些文字游戏，并不那么好理解。

1. 对于钥匙来说，最郁闷的事是什么？ 已经被插在门上（双关：无用武之地，用不上）。
2. 最荒诞的事是什么？ 一个哑巴告诉一个聋子，有个瞎子在监视他们。
3. 对于电工来说，最郁闷的事是什么？ 有灯泡，但没有电（双关：不知道要做什么）。
4. 对于宇航员来说，最郁闷的事是什么？ 已经在月球上了（双关：心不在焉）。

90

猜字谜游戏

对于小学三年级以上的孩子来说，这些字谜游戏并不难猜；如果孩子识字还不够多，可以请家人来帮忙。

【谜面】上边少一半，下边加一半。
【谜底】劣
【解释】谜底"劣"字的上半部为"少"字，下半部为"力"字，"力"刚好是"加"的左半部分。

【谜面】一加一不是二。
【谜底】王
【解释】谜底"王"字的上面一横相当于"一"，下面一横也相当于"一"，中间的横和竖则相当于算术中的加号"+"，所以是"一加一不等于二"，而是一个"王"字。

【谜面】远看像头牛，近看没有头。
【谜底】午
【解释】谜底"午"字跟"牛"字的差别在于笔画竖的长短。

【谜面】加倍才算多。
【谜底】夕
【解释】"多"字可以看作是两个"夕"字，因此"夕"字需要加倍才能变成"多"字。

【谜面】因为自大一点，惹得人人讨厌。
【谜底】臭
【解释】谜底"臭"字可以看作是"自"和"大"两个字叠起来，然后再加笔画"、"组成。

【谜面】吴头楚尾。
【谜底】足
【解释】谜面中"吴"字上部和"楚"字下部组合起来后，就是谜底"足"字。

【谜面】半真半假。
【谜底】值
【解释】谜面中"真"字上部分"直"和"假"字左部分"亻"组合起来后，就是谜底"值"字。

【谜面】住在黄金屋。
【谜底】锯
【解释】"居"有"住"的意思，"黄金"是偏旁"钅"字，因此"钅"加"居"就是"锯"字了。

【谜面】没有哥哥。
【谜底】歌
【解释】"没有"的意思可以用"欠"字代替，"哥"和"欠"字组合起来就是"哥"字。

【谜面】坐定左右无人。
【谜底】土
【解释】"坐"字的左上和右上都是"人"字，当这两个"人"消失后，"坐"就变成了"土"字。

【谜面】一只黑狗，不吼也不叫。
【谜底】默
【解释】"狗"和"犬"的意思相同，"黑色的狗"即为"黑犬"，组合起来是"默"字，"默"也刚好是"不吼不叫"的意思。

【谜面】有水才能灌溉，有火才能做饭；春蚕吐丝成圈，太阳升起亮天。
【谜底】尧
【解释】谜面依次对应着四个字——浇、烧、绕、晓，这四个字的右边部分是相同的，是"尧"字，就是谜底。

有趣的多米诺骨牌

"我就像是由骰子的两面拼接而成的一个长方体，我的宽度是厚度的四倍，而长度则是宽度的两倍。如今，我的材质由乌木和象牙变成了塑料。我是……我是……"我们说的就是多米诺骨牌，孩子们可以用它们做很多不同的游戏。

多米诺骨牌的基本玩法

年龄：4岁以上
人数：最多可以5人
道具：一盒多米诺骨牌
（28张）

有两种方法来决定由谁先开始进行游戏。

1. 在发牌之前，每个人先摸一张牌在手里（这张牌在正式开始游戏的时候会放回去），然后看谁的牌面上点数最大，谁就先开始，然后按照顺时针的方向继续游戏。

2. 在发牌之后，看谁手里拿着最大的双数点数的牌，谁就先开始游戏。

在游戏开始的时候，所有的牌都点数朝下扣在桌上，然后洗牌。洗好牌后，每个人依次抓取数量相等的牌：如果是2到3个游戏者的话，每人7张牌。余下的牌叫作剩牌。游戏者按规则依次出牌，当一个游戏者无牌可出的时候有两种选择，或者跳过这一轮，被称为"过"，或者他从剩牌之中摸出一张可打的牌。

游戏的目标就是看谁先把手中所有的牌打完。

塞巴斯托波尔

对于"塞巴斯托波尔"玩法来说，需要四名游戏者一起参与，每个人7张多米诺骨牌。拥有"双6点"这张牌的人先开始，然后是他左边的人，依次沿顺时针方向进行。接下来的四张牌都要含有一个"6点"，手里没有"6点"的人要自动跳过。这四张牌"6点"的一侧可以放在"双6点"的横向和纵向的两边，使这五张牌形成一个十字。然后再继续进行接下来的游戏。

游戏的目标就是看谁先把手里的牌打完。获胜者会计算下对手剩下的牌面的点数，然后大家再开始下一局。

多米诺之链

将所有牌打散，洗好，并扣放在桌上。发牌，让每个游戏者手里的张数相同，但要保留一些剩牌：如果是2到3个人一起玩的话，每个人分7张牌。

第一名游戏者先出一张牌，然后右侧的游戏者出牌，但需要有一面的点数与第一张牌相同，点数相同的一侧需要相邻放置，如此继续进行。在多米诺骨牌形成的"链条"上只有两个端点，如果遇到两面点数相同的牌，则要和其他牌垂直放置。

多米诺——谁是记牌高手

这个玩法的目的是看谁的记忆力更好，能够准确地记住桌上骨牌的位置，从而能够每次都顺利翻开两张拥有单面点数相同的骨牌。在这方面，孩子们的实力可是不容小视哦！

将所有骨牌扣放在桌上，并混在一起，但不能有所重叠。第一名游戏者在所有牌中任意翻开两张，如果两张牌有一面的点数相同，他就把两张牌拿走，放在自己面前。反之，则需要把两张牌扣回原处。每个人按顺序依次翻开两张牌，并按照同样的规则或者留牌或扣回。当所有的牌都被摸走之后，来数一数，谁面前的对牌最多，谁就是获胜者。

年龄：4岁以上
材料：厚纸板、液体的白胶
工具：1把裁纸刀、1支铅笔、1把钢尺、1支画笔、1条用于蒙住双眼的丝带、1个用来装东西的盒子

触摸认牌

用厚纸板裁剪出20多块10厘米×5厘米的长方形。每张纸牌的其中一面都由孩子们自行设计上任意图案。然后开始寻找各种触感不同的材料，比如：玻璃纸、不同的种子、布料、尼龙、毛线、灯芯绒、牛仔布、线团、麻布、瓦楞纸板、铝箔、用于做奶酪盒子的软木、稻草、拉菲亚叶纤维、毛皮……在每块长方形纸板上分别粘贴两种不同的材料，然后晾干。

现在，可以进行游戏了：将一张多米诺骨牌放在桌上。将孩子的眼睛蒙上，让他凭借触摸的方式来找到与这张牌上面所粘材料一致的另一张牌。

和家里人数有关的数字游戏

如果孩子们表现出厌烦的情绪，您大可不必为此烦恼，他们只是觉得无聊了。您正好借这个机会，抛出一个新的话题让他们思考。这些活动会帮助他们理解其他的一些"家庭"。

其实还是有关兄弟姐妹的故事！

大家都很喜欢这些谜题，它们能刺激我们的脑细胞活动。不过不用担心，这个游戏绝对会让孩子们大伤脑筋！

1. 两位父亲和两位儿子围坐在桌前一起为年龄最小的孩子庆祝生日。他们把生日蛋糕切成了四份，每人吃了一份，然而还多出了一份。这是怎么回事？*围坐在桌前的是祖孙三代人：孩子、父亲和祖父。其中，父亲既是孩子的父亲，也是祖父的儿子。*

2. 马修斯和凡妮是一个人口众多的家庭中的两个孩子。马修斯的姐妹数量是兄弟的 2 倍，而凡妮的兄弟和姐妹数量相同，家里一共有几个孩子？*家里一共只有三个孩子，马修斯和凡妮有一个共同的姐妹。*

3. 今天不是周二的第二天，不是周五的前一天。而且明天不是周一，昨天也不是周一，后天不是周日，前天不是周四……今天到底是周几？*今天是周一！*

4. 三位艺术家有一个兄弟，这个兄弟死了，但没有留下任何的兄弟在人世上。这是怎么回事？*三位艺术家都是他的姐妹。*

5. 这个孩子有父亲和母亲，但却又不是任何人的儿子。这是为什么？*因为她是个女孩。*

6. 有一个小孩，是我父母所生，但既不是我的兄弟，也不是我的姐妹。他是谁？*是我自己。*

7. 一位园丁有 5 个儿子，他们每个人都有一位姐妹。这位园丁一共有几个孩子？*6 个孩子。*

8. 在抽屉里，我有 24 只碎花图案的袜子，我的姐妹有 24 只单色的袜子，它们不小心被混在了一起。那么请问要想拿出一对相同图案的袜子，需要拿几次？*最多需要 3 次。*

9. 一个人看着一张照片，然后确定地说："我没有兄弟也没有姐妹，但照片上这个人的父亲是我父亲的儿子。"照片上的认识谁？*是说话的这个人的儿子。*

10. 有一家人，从爷爷到孙子，大家每天都喝鲜奶。不过，他们从来不买牛奶，也没有人送给他们，当然，家里也并没有养着奶牛，请问是怎么办到的？*他们每天喝的是羊奶！*

11. 一天，爷爷和孙女克罗伊在一起聊天。他问她的生日是哪天，克罗伊回答道："两天前，我 10 岁了，而明年，我就 12 岁了！"爷爷确定克罗伊说的都是实话。那么他们谈论这件事的时间是哪一天，克罗伊的生日又是哪一天？*爷爷和孙女是在 1 月 1 日讨论的，而孙女克罗伊的生日是 12 月 31 日。*

在动物家，
是怎样的情况呢？

　　几乎所有人都知道驴的幼崽叫小驴驹，狼的幼崽叫小狼崽，苍蝇的幼虫叫蛆。不过当我们想了解莫拉顿的父亲是谁的时候，就有点儿复杂了。这与国王的那位园丁毫无关系，实际上莫拉顿是一种野鸭！

这些动物，它们的妻子和孩子都叫什么呢？下面这个列表应该可以解答这些问题，同时还能扩充你的词汇量。

驴？ 母驴，小驴驹。
山羊？ 母山羊，山羊羔。
绵羊？ 母绵羊，绵羊羔。
鸭子？ 母鸭，小鸭雏或小鸭子。
公鸡？ 母鸡，小鸡雏或小鸡崽。
兔子？ 雌兔，小兔。
野兔？ 雌野兔，小野兔。
鲭鱼？ 雌鲭，幼鲭。
老鼠？ 雌鼠，幼鼠。
狐狸？ 雌狐，幼狐。
公牛？ 母牛，小牛犊，小母牛。

译者注：这里有些动物的幼崽在法语里有多个词形容，但翻译到中文都是一样的，故简化之。

这些动物的叫声都是怎样的呢？这里又有一个列表可以解答您的疑问。

家狗和野狗的叫声都是"汪汪汪"。
公羊和骆驼的叫声都是"咩——咩——"。
蜜蜂的振翅声音是"嗡嗡嗡"。
雄鹿和北鹿的叫声是"呦呦"。
鸭子的叫声是"嘎嘎"。
山羊的叫声也是"咩——咩——"。
猎狗的叫声是"呜嗷~"。
杜鹃的叫声是"布——谷，布——谷"。
蝉的叫声是"知了——知了——"。
鹰的叫声是"咻——咻——"。
火鸡的叫声是"咯咯"。
乌鸦的叫声是"呱呱"。
牛的叫声是"哞——"。
海鸥的叫声是"欧——欧——"。
夜莺的叫声是"啾啾"。
鸽子的叫声是"咕咕"。
旱獭的叫声是"咕比咕比"。
蝗虫振翅的声音是"咯哒哒哒"。
鸢鹰的叫声是"喟喟"。
天鹅的叫声是"克噜——克噜——"。
云雀的叫声是"滴溜儿——滴溜儿——"。
猫头鹰的叫声是"咕……咕咕，咕……咕咕"。
黄鹂的叫声是"嘀哩哩"。

95

让人着迷的翻绳游戏

如果你把这篇有关翻绳游戏的介绍拿给奶奶看，她一定会为你讲述她年轻时候的故事，那个时候男孩和女孩并不在一个学校读书。而这些线绳就成了女孩们的好伙伴，她们可以用这些绳子翻出各种花样：比如咖啡杯和杯垫，比如埃菲尔铁塔，比如一朵花或一道栅栏。

咖啡杯和杯垫

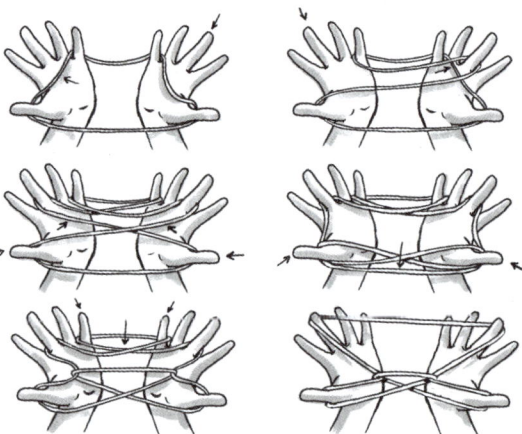

年龄：7岁以上
人数：1到2人
道具：1根1米长的尼龙绳（用来结成一个绳圈）

奶奶说，她还记得小时候翻绳的花样，不过她并不愿意总被人催促着来演示到底要怎么操作！好啦，来学习下如何翻出一个咖啡杯。

1. 用双手的拇指和小指将绳圈撑起来。
2. 然后按照如图的方式将一只手的中指从对侧的绳圈中掏过。
3. 另一只手的中指也完成同样的动作。
4. 把双手的拇指从套在中指上的绳圈中掏过。
5. 将绳圈的底边翻到拇指的上方。
6. 再将双手的小指从绳圈中抽出。

一朵花

– 我们还能翻出其他图案吗？
– 为什么不呢，不过也许不能太复杂。另外，也不能把绳子拽得太紧！

1. 用双手的拇指和小指将绳圈撑起来，然后按照如图的方式将一只手的中指从对侧的绳圈中掏过。
2. 另一只手的中指也完成同样的动作。
3. 把双手的拇指从套在中指上的绳圈中掏过。
4. 将绳圈的底边翻到拇指的上方。
5. 将左手的拇指从第一条边下面掏过，然后将右手的拇指从另一条边下面掏过。
6. 再将绳圈的底边翻到拇指的上方。
7. 调整一下各条边的长度，然后一朵花就出现了！

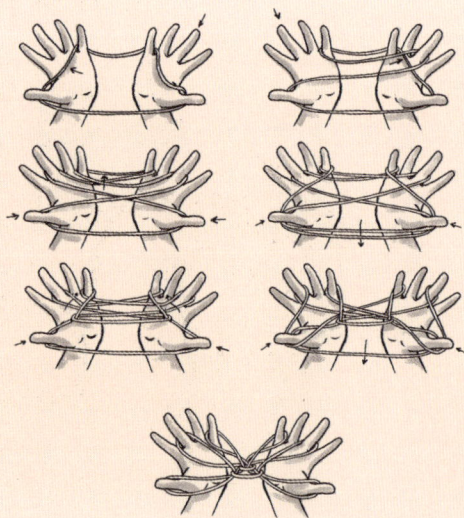

一个简单的埃菲尔铁塔

爷爷在讲述这些翻绳游戏的时候，就好像在讲一些有趣的故事：这些游戏在阿拉斯加、在日本、在新几内亚等很多地方也都存在……不过，是谁发明了埃菲尔铁塔的翻法？又是什么时候发明的呢？至少有一件事是肯定的，爷爷在讲这些故事的时候，他的翻绳动作也很缓慢！

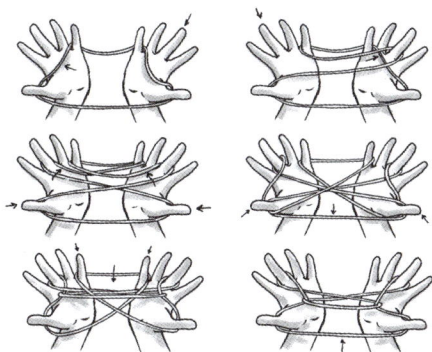

1. 用双手的拇指和小指将绳圈撑起来，然后按照如图的方式将一只手的中指从对侧的绳圈中掏过。
2. 另一只手的中指也完成同样的动作。
3. 把双手的拇指从套在中指上绳圈中掏过。
4. 将绳圈的底边翻到拇指的上方。
5. 再将绳圈的底边翻到小指的上方。
6. 用牙齿咬住绳圈的底边向上提！
7. 然后将双手的拇指从绳圈中抽出。

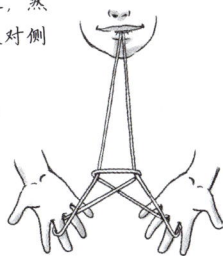

一道小栅栏

这一次，我们要来做一道小栅栏，当火车经过的时候，它会暂时拦住行人。看守栅栏的人无疑知道怎么玩这些小把戏。今天再看这个翻绳游戏的效果，感觉更像是一副眼镜，不是吗？

1. 用双手的拇指和小指将绳圈撑起来，然后按照上图的方式将一只手的中指从对侧的绳圈中掏过。
2. 另一只手的中指也完成同样的动作。
3. 将双手的拇指从绳圈中抽出。
4. 用双手的拇指的指背挑绳。
5. 将双手的拇指从绳圈下方掏过。
6. 将绳圈的底边翻到双手拇指的上方。
7. 将中指弯曲，使其能钻入绳圈之内。
8. 将双手的小指从绳圈中抽出。
9. 将双手翻转，手掌朝外，然后抻紧。

画一棵有爱的家庭树

大约到了五六岁的时候，孩子们总会问到自己从何而来的问题。尤其是当他们在家庭相册中看到某一张照片的时候！您不妨借这个机会，让孩子们了解自己在整个家族中的位置。您可以借助家庭成员的照片来为他们制作人生中第一张家庭谱系图表。

我的家庭成员纪念册

现在的孩子不再需要那些纸质的大相册了，他们更愿意把照片批量保存在电脑里。通过网络工具，人们能够把照片加入注释编辑成册，然后作为重大家庭节日的纪念：婚姻、生日等等。而您今天要做的纪念册，绝对是手工制作，而且更为个性化。

1. 先从大量的照片里面选出 10 来张照片。首选是那些合影，它们也许被您夹在了记事本里、藏在了盒子里或放在了壁橱的高处。

2. 选取一张由几代人一起照的合影，将它贴在一张纸上，然后和孩子一起，在下面注明他和照片上所有人的亲属关系。

3. 和孩子一起来制作纪念册：先裁出 10 来页同样大小的纸张，每张上面都贴有一张照片，然后记录下照片的主人：姓名、生日、现居住地，等等。然后在每张纸的同样位置打好孔，装订在一起，再用纸板设计上个性化图案作为封皮。

4. 针对纪念册里的照片，简要而满怀深情地回答孩子们的所有疑问。不过首先要确定的是：每个人都有爸爸和妈妈。借这个机会，可以让他们试图理解那些已经故去的人，那些之前出现过的人以及那些未来可能会出现的人。

随着家庭成员的增加，这本纪念册的内容会变得越来越丰富，您也可以利用它来建立您的家庭谱系树状图。

年龄：8 岁以上
材料：9 块回收再利用的塑料或木头的正方形积木、6 张照片（尺寸要略大于 9 块积木拼接而成的正方形面积）、白胶、透明纸
工具：1 把直尺、1 把裁纸刀、1 根铅笔

立体拼图积木

1. 将 9 块积木拼接成一个大的正方形，将透明纸覆在上边，用铅笔描出九个格子。然后将描好格的纸分别放在每张照片上，并在照片上画出相同的痕迹。

2. 依照之前画好的边线，借助直尺和裁纸刀，将 6 张照片分别裁成 9 小块。

3. 将一小块相片贴在积木的一面上，对齐，抚平，并挤出气泡，检查下各边是否都完全粘住了，然后用同样的方式将相片的其余 8 部分贴在其他 8 块积木上。然后晾干。

4. 就这样，在积木上就出现了第一张被分为 9 块的相片。不要打乱积木的顺序，将每块积木向左翻转，这时候又有 9 个新的空白面出现了，我们用同样的方法在上面贴上第二幅照片。剩下的四面也用同样的方法来完成即可。

在这儿贴一张
爸爸的照片

在这儿贴一张妈
妈的照片

在家谱中找到自己的位置

家谱是帮助我们探寻家族渊源的一门学问。而对于家谱的最佳表现形式就是树状图，它能够很好地梳理出一个家族在不同时期的成员之间的联系。对于孩子们来说，最简单和清晰的方式就是从他们开始往上追溯，一直可以追溯到爷爷奶奶的祖父母这一代。大人可以先制作一个简单的树状家谱，不要超过四代人，以便能够让孩子们很清晰地理解每代人之间的关系。在这个过程中，您总会遇到一些意想不到的提问。

这是我的树状家谱

1. 将之前做好的家庭成员纪念册拆开，然后由下向上依次摆放在大纸板上：

– 最下边是孩子们；
– 上边是他们的父母、叔叔舅舅、姑姑姨妈；
– 接下来是爷爷奶奶和姥姥姥爷；
– 再接下来是太爷爷太奶奶、太姥姥太姥爷。

再加上其他的堂兄弟和表兄弟……
当然，为什么不把家族的其他成员也加上呢？

2. 现在，孩子们会在小纸板上画出每个人的肖像，然后注上姓名，再摆放到正确的位置。用铅笔在每幅画的周围勾勒出一个框架。

3. 将所有的肖像画取走，然后在大纸板上画出一棵树的轮廓。

4. 再将所有的肖像画钉在他们各自的位置上，接下来就等着下一位家庭成员的降生了！

年龄：8 岁以上
材料：1 块从家用电器包装盒拆下来的大纸板、一些小纸板、白纸、颜料、1 盒图钉
工具：1 把铜尺、1 把裁纸刀、1 支铅笔、1 支水笔

让语言也变得有滋有味！

孩子们很喜欢这些通过手指头和声音来完成的游戏，而爸爸妈妈们更是如此！这些看起来只不过是一些简单的儿歌和游戏，或是一些幼稚的童言童语，但它们却能让您和孩子们之间迅速建立起很亲密的关系。接下来，我们要开始有关味觉的奇妙旅程了。

我打嗝了

我打了个嗝，
在玩比尔博凯游戏的时候。
我的牙齿
有点儿漏风。
下雨了，
我什么都没有了！

太高了

"食物不能拿来玩儿！"
没错，不过这个游戏挺有意思的，而且也没那么严重……当然，有一点儿夸张了：我还从来没见过哪个孩子是被饿死的呢……

1. "太高了！"
孩子将勺子举到了额头。

2. "太低了！"
勺子碰到了下巴。

3. "不是这儿！"
勺子碰到了右边脸蛋儿。

4. "也不是那儿！"
当勺子碰到左边脸蛋儿之后，大人要用孩子面前的碗里的食物把勺子装满。

5. "这次对了！"
孩子把勺子里的食物送进了嘴里！

记在本子上

在您记在本子上的那些清单里，为什么不加上一些儿歌呢？当您想这么做的时候，答案便浮现出来了。那么听好了，"我想问个很私人的问题——您能唱一首您小时候唱过的儿歌吗？"

小约翰哭了

小约翰哭了，
于是得到了黄油。
小约翰笑了，
于是得到了米饭。

先生和太太坐在火炉旁

大人一边念儿歌，一边用双手做动作，孩子们来模仿。

1. "先生和夫人"：伸出两个拇指。
2. "坐在火炉旁"：将两个拇指对在一起。
3. "他们吃呀吃"：将两个食指对在一起。
4. "面包和鸡蛋"：将两个中指对在一起。
5. "猫咪眼巴巴"：将两个无名指对在一起。
6. "啥也吃不到"：将两个小指对在一起。
7. "只好舔盘子"：用小指来反复磨蹭手掌。

有趣的字谜

"红红的脸蛋，绿色的把儿，中间有颗木头心……我是谁？"

樱桃

"我可以连皮一起煮，也可以上锅来蒸……我是谁？"

土豆

"他们说我是母鸡喜欢的食物，但加了糖之后，他们自己也喜欢吃……我是谁？"

玉米

"我有圆圆的身材和紧实的果肉，我的肉质香甜……但晾干之后，我的营养更丰富……我是谁？"

无花果

"我的头顶是红色的，我的衣领是绿色的，我长着好多眼睛，从四面八方盯着你……我是谁？"

草莓

"我穿着橙色的连衣裙，却染着绿色的头发……我是谁？"

胡萝卜

浓汤，浓汤，咋搭配

浓汤，浓汤，咋搭配？
你除了鞋油啥都没有，
而我有上好的奶酪！

我在切面包

1. "我在切面包"
将手掌立起来，绷紧做刀状，假装在孩子的手臂内侧左右切。

2. "然后抹上黄油"
将手平铺在孩子的前臂上，假装来回涂抹。

3. "再涂上果酱"
用手在孩子的前臂上做波浪状点来点去。

4. "然后吃下去，啊呜！"
然后用双手抓住孩子的小臂，假装一口咬下去。

挑椰子

1. "椰子挑好了"
用手点一下孩子的前额。

2. "哥哥把它做熟了"
再点一下孩子的鼻子。

3. "妈妈负责加上佐料"
再点一下孩子的下巴。

4. "我把它全部都吃下去"
最后点一下孩子的嘴巴。

孩子，这样讲话和聆听……

孩子们总是有好多好多的事情想要一股脑告诉您。如果两个孩子同时想跟您说话，他们的话会掺杂在一起，使您根本听不清他们到底在说什么。接下来就为您准备了一些小游戏，可以教会孩子们如何讲话和聆听。

雅克说

年龄：4岁以上
人数：至少5人

一开始，先由妈妈来扮演"雅克"。她会站在所有人的中间，然后发出指令，指令都要由"妈妈说……"开始。她说什么，其他人就要跟着做什么。做错的人将被扣一分，累计扣掉五分的人就会被淘汰出局。为了扰乱大家的注意力，奶奶可以一边发号施令一边做出与指令相同或不同的动作！比如，妈妈说："游戏结束了。"在游戏过程中，妈妈也可以冷不丁地发出"来帮我把餐桌布置好！"这样的指令。

在我的小篮子里

年龄：4岁以上
人数：至少3人

这是一个押韵的问答游戏。游戏者围成一个圈，在游戏的过程中，大家每个问题的答案都应该和问题的最后一个字押韵。第一个游戏者问左边的人："在我的小篮子里装了啥？"答题者给出押韵的答案后，再把同样的问题提给自己左边的人，依次进行。如果谁给出的答案不押韵或者答案中的词之前已经使用过，这个人就会被淘汰。比如，我们可以使用的词包括：烤鸭、西瓜、牙刷、龙虾、芝麻、鲜花……当我们不确定某个词的时候，可以要求给出答案的人解释一下，"这个词是什么意思？"

变化

"我在帽子里藏了什么宝贝？"
"在大自然中，什么是我的最爱？"

去帕蒂—帕杜市场买了啥？

这个游戏的规则和上边一个游戏大同小异。在游戏中，问题一般是这样的："爸爸在帕蒂—帕杜市场带回来什么？"提问者不会对问题做出任何解释，每个游戏者都要按顺序给出自己的答案。根据大家给出的答案，爸爸要做出回答："没错，你也可以去帕蒂—帕杜市场了。"或者"不行，你不能去！"游戏者要自己找到游戏的规律！诸如刺山柑、奶油、虾、黄油、玉米、番茄酱、百里香之类的答案是正确的，因为这些答案的法语拼写中既没有"i"也没有"o"（译者注：因为帕蒂－帕杜 Padi-Pado 这个词的谐音是 pas d'i et pas d'o，意思是既没有 i，也没有 o）。而至于小萝卜、菠菜、胡萝卜、番茄、烤肉等答案就是错误的，因为这些答案的法语拼写里含有"i"或者"o"。

隐藏的"动作"

年龄：4岁以上
人数：至少2人

这个游戏的目的就是找出隐藏的"动作"。
其中一个游戏者会被要求暂时离开，然后另一个游戏者选择一个"动作"作为答案。第一个游戏者回来之后，要向第二个游戏者提问，从而判断这个动作是什么。比如"我在吃饭前需要做这个动作吗？""我能在树上做这个动作吗？"等等，第二个游戏者只能回答"对"或者"错"。如果这个动作过于复杂，或是提问者年龄太小，那么他还可以用最简单的话稍加解释。这个游戏的法语名字 (Tipoter) 来自于英语 tea pot：茶壶！

快问快答

在这个游戏中，游戏者要快速地提问和作答，比如：

— 喜鹊在高处筑巢，鹅在低处筑巢，猫头鹰在哪里筑巢？

— 猫头鹰既不在高处筑巢，也不在低处筑巢，它们不筑巢。

或是

— 埃斯黛尔，你的莴苣发芽了吗？

— 是的，发芽了。

— 如果你的莴苣发芽了，我的莴苣也会发芽的。

阿拉伯式传话游戏

年龄：4岁以上
人数：至少4人

游戏者肩并肩地紧挨着坐成一排。他们将向我们展示单纯依靠嘴巴和耳朵进行传递信息的可靠性和速度，就像以前阿拉伯人做的那样。第一个游戏者在他身旁的人的耳边用很低的声音快速说一句话，听到的人要用耳语的方式把他认为自己听到的话传递给他身边的人，不过它可以表述得更为缓慢和清晰。当这句话被传递到最后一个人那里的时候，他要大声地说出他最后听到的句子。最终的答案往往非常出乎意料。

在玩这个游戏的时候，可以试试下面两句话："猜猜我在哪儿给你打电话，然后我会告诉你这个地名怎么拼写。"或者"新鲜的空气和水面上闪烁的金光一样，都不属于我们。"

用骰子游戏来练习算数

"我是个小方块，我的每个面都由1到6个不同点数组成，跟多米诺骨牌一样，我也是一种自带幸运属性的小玩具哦。有时候，只要有一张纸和一支铅笔，就能和我一同组成一个有趣的游戏，而且我还非常方便携带哟。对于一些聪明的人来说，我可以帮他们作出选择。"

马迪内蒂游戏

这个游戏和"法国十字棋游戏"或"鹅的游戏"的规则很相似，目标就是每个游戏者的棋子要依次完成从 1 到 12、再从 12 到 1 的过程。

画出一张有 12 个格子的图表，第一行的格子编号为 1 到 6，第二行的格子编号为 12 到 7。

每个游戏者通过掷骰子来决定游戏的顺序，掷出最高点数的人先开始。

每个游戏者的棋子都必须以先顺序再倒序的方式依次经过 12 个格子，并在每个格子中停留。每次前进都通过 3 颗骰子来决定。

游戏者可以选择：
• 只用 1 颗骰子，只要点数与即将进入的格子数字相符；
• 使用 2 到 3 颗骰子，获得的点数分别与即将进入的格子顺序相符；
• 使用 2 到 3 颗骰子，每颗骰子的点数相加与即将进入的格子数字相符。

当一名游戏者无法继续前进的时候，则换人开始游戏。

如果前一名游戏者不知道如何使用它的分数，接下来的游戏者可以趁机把分数占为己有。

年龄：7 岁以上
人数：2 个
道具：每人需要一颗不同颜色的棋子，此外还需要 3 个骰子以及能画格子和计分数的纸

1	2	3	4	5	6
12	11	10	9	8	7

小猪游戏

年龄：7岁以上
人数：2到4个人
道具：2个骰子以及能画格子和计分数的纸

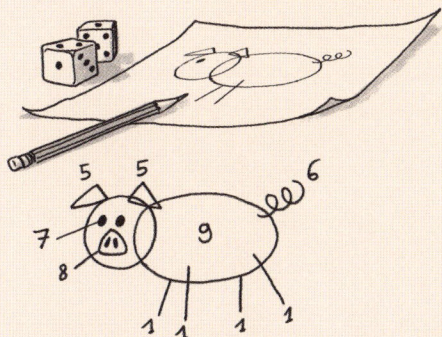

游戏的目标就是看谁能第一个画出一只完整的小猪。在绘画的过程中，要通过掷骰子的方式，来决定具体步骤！

小猪身上的每个部分都有对应的分数：身体为9点，鼻子为8点，每只眼睛为7点，尾巴为6点，每只耳朵为5点，每只蹄子为1点！首先要先从身体开始画，所以游戏者必须先通过掷骰子来获得9点。

游戏者可以选择用铅笔在纸上画，也可以选择用手指头在蒙上一层水蒸气的玻璃上或潮湿的沙土地上画。

所画的角色也可以随意变化或调整，比如变成：小丑或者妈妈。具体可以分为12部分：身体为6点，每只胳膊或每条腿为5点，脑袋为4点，每只耳朵为3点，每只眼睛为2点，嘴巴为1点。同样还是通过掷骰子来决定具体从哪里开始画。

大自然的馈赠

虽然罕见，但我们有时候也能在大自然中找到一些立方体的东西，比如一块石头，一块木头或是一块树皮之类……

如果您有幸发现了一块，一定要好好保存起来：您可以通过雕刻或在打磨的方式（如果是石头骰子的话），自己给这个天然的骰子加上点数。

天然的骰子

除了使用骰子之外，您还可以通过其他方式来得到1到6的点数：将一根小树枝分为三段，每段再沿纵向从中间劈开，这样您就有了六根小棍；在游戏的时候，您可以将六根小棍掷在地上，然后来数数，有几根小棍有树皮的一面向下。

同样的原理，您也可以使用6枚李子核（当然是洗干净的了）来进行同样的操作。为了便于区分，您可以给每一枚李子核的其中一面涂上颜色。

年龄：7岁以上
人数：2到4人
道具：4颗骰子

死神

每颗骰子的六个面点数都是固定的，而且聪明的孩子很快就发现，相对的两个面的点数之和总是7。所以在接下来这个游戏之中，我们可以再增加些难度：我们将其中两个面的点数定义为"死神"！

每名游戏者掷出5颗骰子，然后将点数相加计算分数。不过如果有一颗或几颗骰子落地时是2点或5点的一面朝上，则分数不被计算在内：对于游戏者来说，这些骰子就死掉了。然后他再掷出其他骰子，继续计算分数，直到所有骰子都死掉为止。接下来的游戏这也是按照同样的规则来进行游戏。最终得到分数最高的人就是获胜者。

与书籍建立亲密关系

对于孩子们来说，儿童读物应该是一本可以拿在手中去欣赏、去把玩、去打开、去翻阅的书籍。这个看法也许是对的，也许不是，谁知道呢！如果您愿意的话，您的任务就是：帮孩子与书籍建立亲密关系，成为好读物的推荐人。

那些最擅长讲故事的人已经从童年的阅读中获益了。至于其他人，也许没什么特别的，但书籍使他们张开了怀抱。

慢慢地，您会发现这些儿童读物是如何触动您、影响您并使您成长的，因为它们明确传递出了某种您无所认知的深层情感。而对于这些情感，孩子们可能感悟得会更快。

安坐

啊！和两三个孩子一起安坐在沙发上，打开一本精美的读物，一起欣赏书中的图画和文字，这是何等快乐的一件事！在好奇心的驱使下，您又找到了自己小时候读过的书，里面的内容和图画放到今天仍然并不过时！

注意哟，这一切很快就会变成一种习惯，只不过每个人感兴趣的内容可能会变得不同！

从容选择

我们相信，您在看孩子的图书时，也在逐渐地受到影响。恭喜您，孩子为您打开了一个更广阔的世界，他们让您得以更简便地了解一些新的知识和情感。因为有了他们，您可以再次推开那些电影院、剧院、新媒体中心和青少年书店的大门。

每年只需要很少的费用，您就可以回到图书馆（现在已经变成了新媒体中心了）之中。知识渊博而又热情洋溢的中心管理员将成为您的向导。第一次，建议您一个人前来，可以根据自己的兴趣，从容地做出选择。书籍是一种交流工具，是一个进入多彩世界的入口，在这里您会发现很多喜爱的内容。

书店和沙龙

在法国，得益于"朗法案"（有关图书定价的法案），无论您在什么地方购买图书，价格都是统一的。

您可以直接和书商进行沟通，您知道的，他们每天总会面对这样的需求："我想找一本适合孩子们看的书……"

在您所在的地区，很可能还会有一些图书节之类的活动。很多作者、插画家和作家都会出席这些活动，并且很高兴能和他们的读者直接互动交流。

反复阅读

只要孩子们愿意，他们总会要求您再多读一遍他们喜欢的那些书。

有些孩子年龄太小，还不认字，但他们会记住书上的每句话在什么地方折行，以及书中每一幅插图的顺序。他们还常常要求自己来读这些他们真心喜欢的故事。然后某一天，可能又换了另一个故事。他们很愿意和您一起重温这个"当我还是个孩子"的故事。

思考

您对一本书有些疑问：它太简单了？或者太难了？图片太难看了？文字太拗口了？先别想这么多，只是单纯去阅读，然后等待最真实、自然的反馈。

切记！

不要为了完成任务而读书。

没有谁在接受或发布指令。阅读一则故事，是分享一份快乐，是一项要求很高的活动，需要静下心来，集中精神，抛弃其他杂念。您并不是去教授一堂阅读课，也不是在背诵课文，而是在和孩子们一起分享文字和图画所带来的快乐，分享那些富于想象的、感动人心的或治愈心情的瞬间。

阅读，就像一碗浓郁的汤，它在帮助人成长的同时，也给人带来更多的机会！

养成良好的阅读习惯

先要搭建出一个框架，然后，一个好的阅读习惯会慢慢地建立起来。我们可以借鉴下面这些方法：

- 在看书之前要记得洗手。
- 看故事一定要有始有终，不能半途而废。
- 在看书时，所有人都要坐好，要认真阅读每一幅图画。
- 每个人都有机会来做出自己的选择，无须理由。
- 可以接受孩子们抱着毛绒玩具，但仅限于在家里！
- 在看书的时候，要避免一些像鞋子刮蹭地板一样的噪音的出现！
- 在看书的时候，不要喝饮料，不要嚼口香糖，也不要吃零食！
- 将"为什么"留在脑海中，然后看看是否会在随后的阅读中得到答案。
- 没必要对于阅读的内容做出评论。

来看各种各样的木偶喽！

手指木偶不受场地的限制，可以随时随地来演绎故事的跌宕起伏。您可以帮助孩子一起来制作这些惟妙惟肖的小木偶，然后作为观众，专心听孩子们为您讲故事好了。这些小小的人物角色往往能反映出孩子们心里所想：在他们讲述的故事中，总能看到现实的影子。

除此之外，汤匙木偶和木头玩偶也非常受孩子们喜欢。

年龄：6岁以上
材料：1把木质的大汤勺、一些布料和饰带、毛线、卡纸、胶、颜料
工具：画笔或水笔、1个小订书机

从容选择

这种小木偶对于颜色和尺寸上都没有太严格的要求，而是根据您所选择的木勺的大小而定。跟匹诺曹不太一样的是，您做的小木偶不会说谎，鼻子也不会变长。其实很简单，孩子们自己就能完成。这种小木偶有一个特别的本领：能够把自己藏在下面的圆锥纸筒里。而且，还有一点奇妙之处，木偶的脸是双面的，一面是微笑，而另一面则是愤怒。

1. 根据木勺的长度，用纸板卷一个圆锥形的纸筒出来，裁剪后将纸筒铺开。
2. 在裁剪好的纸板表面贴上一块布料，但上边要比纸筒边缘高出一截，用来做木偶的服饰。将纸筒再卷起来呈圆锥形，并用订书机钉好。
3. 将圆锥纸筒大头朝上放置，将木勺插进去，并用饰带把木勺的颈部和高出来的布料系紧在一处。这样一来，随着木勺在纸筒中的出出进进，木偶也会时隐时现。
4. 在木勺的两侧为小木偶画上表情。

然后，您可以变身玩具之父盖比特，并利用这个小木偶来回答孩子们各种各样的问题。

手指木偶

年龄：7岁以上
材料：1只儿童用棉制手套、一些细毡子和其他布料、纽扣、尼龙搭扣、羽毛、珠子、五角星、拉菲亚叶纤维、剑麻
工具：剪刀、线绳、针、1支胶枪

　　各种颜色的布料都在这儿了！为了这些，您一通翻箱倒柜，把那些您不想再穿但也不舍得扔掉的衣服都找了出来。经过改造，您就可以把它们变成取悦孩子的新玩具。"啊，看吧，我说我的格子衬衫怎么不见了，原来是被小木偶穿走了！"

只要您愿意，这些木偶都可以套在任何一根手指上，只要底部做得稍微紧一点就好了。用一只手来演绎一幕有五个角色的故事可能稍微有点儿复杂！

您还可以给它们配上尼龙搭扣，然后把它们粘在毛衣上、窗帘底部或是坐垫上，以免丢掉了。不过，为什么不为它们单独做一个小布袋，然后放在容易找到的地方呢？

告诉孩子们不要用嘴去叼这些小木偶。您可以强调：你们的奶奶让我转告你们，她在这只手套上抹了毒药，以免有人用牙齿来揃手套！

别总是使用那些大家都熟悉的角色，什么大灰狼啦，外婆啦，小红帽啦，都太俗了。不妨新创作一些角色出来，然后赋予它们一些可怕的缺点或是惊人的魔力。

您还可以利用这些套在手套上的木偶角色创作一些儿歌，比如：
小手指生气了，
无名指光溜溜，
中指还没成年呢，
食指也不开心了，
拇指把它们聚集在了一起。

木头玩偶

　　这种木偶与我们之前介绍的布袋木偶不同，它看上去更像一个模型或者一个吉祥物。也许某天，当我们在森林中漫步的时候，就恰好与它擦肩而过。它看上去就好像是三颗松果组成的，但又被赋予了两件配饰：头上的羽毛代表着无穷的想象力，而拉菲亚叶做成的围巾则讲述了它与这个世界的联系。再加上一句座右铭，它就能变成您的守护神："自然、成熟但不经雕饰！"

年龄：7岁以上
材料：松果、橡皮泥、拉菲亚叶纤维
工具：胶枪

　　这个木头玩偶可以被摆放在家里的任何地方。
　　它还可以被用来当作全家人保护环境的监督者。
　　谁把这个家伙放到浴缸里啦？
　　– 是我。因为有人"霸占"淋浴太长时间了！
　　– 谁把这个家伙放在车库门口啦？
　　– 因为你完全有时间走路去赴约会！
　　这个游戏真的很有意义，这个木头玩偶就好像匹诺曹故事里的那只蟋蟀，不断教导孩子们应该如何为人处世！

创造自己的秘密代码！

孩子们可能要等到年龄稍大一点，才能领略到稍微复杂一些的秘密代码的乐趣。当孩子们会写自己的名字时，您就可以让他们接触这个游戏了。这些用他们会写的字母组成的小游戏会让他们爱不释手，很快他们便想要自己去破译这些代码了！

每只小猪都有自己的笼子

年龄：8岁以上
道具：1张网格纸和一支铅笔

"一位老朋友告诉我说，他是看到小猪被关到自己的笼子里时，突发灵感创造了这种密语的！"

1. 26个字母被分为三行，但前两行会多一个字母。
2. 每个字母都获得一个特殊的代码，根据黑点在格子中所处的不同位置来体现。
3. 这就是小猪代码，编码的人和解码的人都要熟悉这些代码的含义！
4. 当出现右图所示的四个代码时，您就能破译出这个词："ROSE（玫瑰）"。

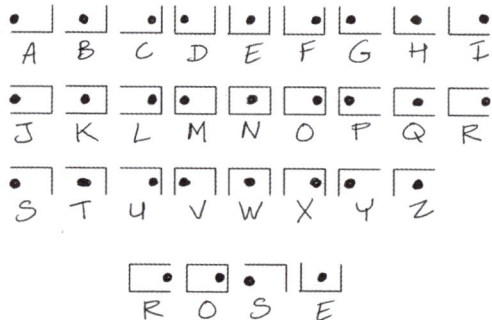

A B C D E F G H I
J K L M N O P Q R
S T U V W X Y Z

R O S E

当 A 等于 1 的时候

给每个字母都设置一个专属的数字编号，这样，消息就很容易通过一串数字的形式被传递或解读了，我们可以在每个字母所代表的数字之间轻轻点一个点，加以区分。

年龄：8岁以上
道具：纸和铅笔

找对方向

当我们不知道分割句子的窍门时，是很难破译出准确的消息的！答案是："QUI CHERCHETROUVE(只 有 寻 找 方 能 得 到)。"这句话要怎么编译成代码呢？您可以借助字母拼字游戏 Diamino 或 Scrabble 的棋子来完成！

以上面那句话为例，有四种方式可以选择：
1. 横向排列，由左到右
2. 纵向排列，由上到下
3. 螺旋状排列
4. 蛇形排列（这种左右交替排列方法有个奇怪的名字：牛耕式转行排列法，这个名字源于耕牛在田间干活的路径。）

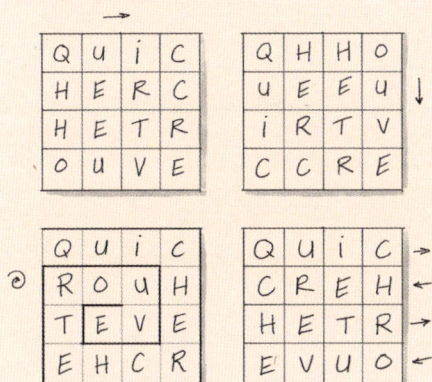

手势语

当我们能看到对方的身影却听不到他们的声音时，沟通就成了一件令人头疼的事情！正因如此，水手们发明了一种手势语。身体直立，根据两只手臂的不同姿势来代表不同的字母。看，又学会了一种"书写"自己名字的方法！

图例：*LEO*

"爪哇语"

这是一种将单词变形后再说出来的口语表达方式，最早出现于 1857 年。这种用法最初是源于法语动词"avoir（有）"的动词变位：从现在时 J'AI 到未完成过去时 J'AVAIS，曾经有一个过渡时期写做 J'AVAVAIS，发音与爪哇语这个单词的法语发音相同，于是便演变成了一种文字游戏，但它与一种民间舞蹈及由此衍生出来的表达法"faire la java(载歌载舞，庆祝节日)"都毫无关系。

这个文字游戏的规则就是：在每个元音前面加上字母组合"AV"，然后再进行发音。这种暗语非常便于使用，因为当语速很快的时候，其他人根本反应不过来是什么意思！

比如："PAVourquAVoi tAVu jAVoue pAVas AVec nAVous？ – PAVarcAVe quAVe c'AVest AV é nAVervAVant！"（原始句子是：Pourquoi tu joue pas avec nous？ – Parce que c'est é nervant！你为什么不和我们一起玩呢？ – 因为你实在是很烦人！）

查理-狐步舞-探戈

这是飞行员们使用的一种国际代码，当遇到某一个单词发音容易混淆的时候，常常会使用这个方法，具体 26 个字母分别可以发音为：A alpha 阿尔法，B bravo 勇敢，C Charlie 查理，D delta 三角洲，E é cho 回声，F fox-trot 狐步舞，G golf 高尔夫，H hôtel 酒店，I India 印度，J Juliette 朱丽叶，K kilo 公斤，L Lima 利马，M Mike 迈克，N novembre 十一月，O Oscar 奥斯卡，P papa 爸爸，Q Qu é bec 魁北克，R Rom é o 罗密欧，S Sierra 山脉，T tango 探戈，U uniforme 制服，V Victor 维克多，W whisky 威士忌，X x-ray X 射线，Y yankee 洋基，Z zulu 祖鲁。

那些伴睡的儿歌和小游戏

一些有趣的儿歌和手指游戏能够增进您和孩子们的关系，它们能够让孩子们记住一系列的词汇和声音，使他们对节奏和韵律产生兴趣。它们也可以被改编成一系列的轻柔动作，让孩子们通过这些动作来了解自己的身体。以下就是一些简单的例子。

当
当
当
！

起床啦！

　　在睡醒之后，孩子们又重新与这个世界建立了联系："你还记得我，我也还认识你。"在唱儿歌的时候，大人和孩子是平等的，他们一同分享快乐，并向对方示意"我们是一家的"。

这是我的额头

1. "这是我的额头。"说着，用食指指一下额头。
2. "我的鼻子是圆圆的。"然后指一下鼻子。
3. "这是我的下巴。"再指一下下巴。
4. "这是我的脸蛋儿。"用手抚摸左边的脸颊。
5. "我们每个人都有。"用手抚摸右边的脸颊。
6. "来抱抱吧！"双手抚摸脸颊。

拇指先生在家吗？

1. "当，当，当。"握拳，把拇指藏在拳头里，用另一只手的食指轻轻敲打拳头。
2. "拇指先生在家吗？——嘘！我在睡觉呢。"将食指竖直贴在嘴唇上。
3. "当，当，当。"用食指轻轻敲打拳头。
4. "拇指先生在家吗？——我不想出门。"轻轻摇一摇食指，表示不要。
5. "当，当，当。"用食指轻轻敲打拳头。
6. "拇指先生在家吗？——嗯！我这就出来啦！"将拇指突然从拳头中伸出来。

看啊，在那里

　　父母们应该感到自豪的，孩子们还在摇篮中的时候就开始学习维克多·雨果的作品了。真的！不信去看看《悲惨世界》第四部：

"看啊，在那里，就在那里嘛，
高声歌唱啊，大打牙祭吧！
就在那里啊，你往那里看，
歌声要响亮，狂饮要愉快！

托马斯在哪儿

"托马斯在哪儿?
他在下边哪!
米肖又在哪儿?
他在上边哪!
啊,托马斯,快醒醒,快醒醒!
啊,托马斯,你吵醒我啦!"

孩子们很喜欢这首一问一答的小调儿,不需要任何的手势就可以让他们乐在其中,尤其是当其中一个名字和他们中的某一个人相同的时候,就会更为有趣。

我蒙上了我的眼睛

1. "我蒙上了眼睛。"双手挡在眼睛前边。
2. "我睁开了双眼。"将双手张开。
3. "我将双手伸向空中。"举起双手。
4. "我蒙上了眼睛。"双手挡在眼睛前边。
5. "我睁开了双眼。"将双手张开。
6. "我将双手背在身后。"将双手背后,不多说一个字!

这些睡前时刻所做的小游戏对您和孩子之间的关系至关重要。孩子们会通过这些游戏学会控制自己内心的恐惧,尤其是当他们在睡觉和做梦的时候,因为那一刻他们处在一个现实之外的空间里。要让他们感觉到,虽然住在爷奶家,但却好像就在自己的家里一样。那么儿歌和游戏的编排以及节奏间就显得格外重要了。

我抖一抖我的小草席

"我抖一抖我的小草席,
然后铺好我的小床,
我看到了什么?
是一只小老鼠,它在爬呀爬……
咕力咕力咕力……"

轻轻抓住孩子的手腕,他们会摇晃小手;然后你的手指轻轻地抚摸着他们,在他们手心里搔痒;随后手指慢慢顺着胳膊爬到腋下,就好像有小老鼠在身上爬一样。

每个孩子都有属于自己的儿歌,和爷爷分享的儿歌有可能跟和奶奶分享的有所不同哦。

我在家里转了一圈

1. "我在家里转了一圈。"用一根手指在脸上画一个圈。
2. "我关上了花园的门。"转一转其中一只耳朵。
3. "我关上了狗窝的小门,咔哒。"转一转另一只耳朵。
4. "我关上了房门。"用手指在嘴巴上绕一圈。
5. "我爬上楼梯。"用手指沿着鼻子向上滑动。
6. "我关上了一扇百叶窗。"闭上一只眼睛。
7. "又关上了另一扇百叶窗。"闭上另一只眼睛。
8. "然后钻进我的被窝里。"将手插进头发里。
9. "嘘!家里人都睡着了!"将食指竖直贴在嘴唇上。

带孩子逛博物馆的新玩法！

那是一个充满魔力的地方，在那里我们可以欣赏很多艺术品，并且能够更好地了解我们的历史。在离您家不远的地方，肯定就会有一家博物馆，也许看起来并不太像。不妨去看看！然后听听孩子们是怎么说的。

很多大人对博物馆的印象并不那么美好，尤其是那些展示绘画作品的博物馆，这会让他们又想起小时候被强迫去参观的情形：那些博物馆到处布满了灰尘，室内照明也不好，地板还吱嘎作响，里面的管理员总是监视着你，他的唯一任务就是检查是否有人弄脏了玻璃。现在，博物馆不再是那样了：它们变得丰富多彩，只要愿意，我们可以经常去参观！随着时光的流逝，我们会慢慢长大、变老，但那些艺术品却丝毫未变。

年龄不同，选择亦不同

5到7岁：这个年龄段的孩子们喜欢那些温暖明亮的色彩，这些色彩能让他们联想到现实，联想到一些属于他们自己世界的细节、人物或是标志之类的。他们喜欢在去博物馆之前先去翻阅一本相关的书籍、文章或资料什么的。"你不觉得……"

8到10岁：这个年龄段的孩子们喜欢那些"会讲故事"的图像，比如一些特点鲜明的人物，一些角色之间的对立，一些神怪，一些使他们发笑的画面。他们依靠视觉作出评判，好与不好的概念对他们来说非常重要。"它是怎么做的？"

11到13岁：这个年龄段的孩子们喜欢研究一位艺术家、一幅作品、一些技术或一些象征的历史，他们会拿不同的作品去比较。他们很少做出本能的反应，他们不喜欢那些太学术的东西，这会使他们感到困扰。"我不喜欢这个……"

特别提醒！

· 在去博物馆的路上和在博物馆里都不要让孩子们走太长时间！

· 不要过多地束缚他们的思想，圈定一到两个展厅以及一件特别的展品即可。不要老提醒要"抓紧时间！"

· 不一定要保持沉默，孩子们可以在毕加索的作品前发笑，在德加的作品前幻想！

· 不必着急，可以让孩子们读一读作品简介，记住那些作品的名字和作者。

· 不必把他们管得太紧，或近或远地看着他们就好！

· 从博物馆出来的时候不要急着向他们提问，不过为什么不给他们买张明信片呢？

有益的建议

· 尽量选择那些会让孩子们感到吃惊或有趣的作品，要小心展厅拐角处可能摆放着的那些会碰伤他们的展品。

· 要告诉孩子们，在每一幅作品或雕塑的背后，都有作者希望向大众传递的某种信息。

· 跟孩子们分享您自己的经历。比如，您第一次遇到一件令您印象深刻的艺术品是在什么时候。

· 告诉孩子们您的印象，不过尽可能用日常语言来表述。

· 注重和孩子们的情感交流，注意观察孩子们的个人兴趣所在。

· 和孩子们聊聊那些你不喜欢的、让你发笑的或是让你思考的作品。

· 如果可以的话，和孩子们聊聊艺术品所运用的技术技巧。

· 让孩子们自己做选择，这次要去看些什么呢？

· 在博物馆里做一些记录，每次去的时候都可以让孩子们观察一下哪里发生了变化，使他们保持好奇和真诚。

自然历史博物馆

自然历史博物馆是一个奇妙的地方，在这里我们可以观察、发现和理解一个不同寻常的世界！

这些博物馆从 19 世纪末开始陆续出现在了大型和中型城市中，其中一些博物馆一直保持着原貌，甚至成为了一处名胜……但可能不会承担太多的教育功能。但另外一些在最近的十多年间重新进行了装潢，除了将一些生命演变的进程搬上银幕外，同时还会针对不同年龄的人们提供不同的交互体验。

一起去博物馆吧

最好的分享，往往会拉近我们彼此的关系。在博物馆，您能获得全新的体验。

孩子们为您打开了一扇全新的大门，让您去了解那些您并不熟悉的地方。除了书籍、电影、戏剧表演、青年读物之外，能够获取知识的渠道变得更为丰富多样了。

好了，走出大门，张开眼睛，去博物馆吧！永远不要说："这个不适合我！"

别走神，注意力大测试！

您一定很了解这些有关注意力的小游戏，因为它们一直都没发生过什么改变。它们就像一把装进兜里的石子，总是被一颗接着一颗地掏出来。

非"是"非"否"

年龄：4岁以上
人数：至少2人

这个游戏最有趣的地方就是让孩子们在不知不觉中就上当了！

组织者会利用参加游戏的人走神的状态，提出各种各样没有规律的问题。但游戏者不能直接用"是"或者"否"来回答问题。您可以看看，到底有多少种句子的结尾在稍微改变下语气之后，就会变成可怕的陷阱。比如："我不认为这是真的，不是吗？"

交替选手

年龄：4岁以上
人数：2人

两名游戏者面对面站立，在游戏中能否得分要取决于对手的反应。第一个游戏者的双手手心朝上，而第二个游戏者则把双手放在第一个游戏者的手上边，但手心朝下。前者要在后者避开之前，将手翻上来拍打他的手背。每拍打到一次则得一分。当击打者拍到对手之后，两人的角色互换。当第一个游戏者得到3分之后，游戏宣告结束。很快，孩子们就会明白这个游戏的真谛了！关键并不在于使多大劲，而是如何控制自己的动作。

咔嚓

这个考验观察力的游戏需要两个人一起来玩："摄影师"站在"照相机"的背后，并且用双手遮住"照相机"的眼睛，然后带着他移动或旋转，使其正好面对某处风景或某个人。"注意，我要打开照相机了。"遮住眼睛的双手只会张开一秒钟的时间，"照相机"需要尽可能具体地描述他所看到的景象。

乐队指挥

年龄：4岁以上
人数：至少5人

这并不是一个很吵闹的游戏，而是一个需要事先准备的模仿游戏。参加游戏的人围成一个圈，然后一名游戏者暂时离开他的位置。在此期间，其他的游戏者会选出一个人作为乐队指挥。他会坐在他的位子上，然后模仿不同的乐器，其他人要仔细观察他的动作，并加以模仿。然后，一圈人会共同"演奏"长笛、小提琴、吉他或大鼓。此时，离开的游戏者会回到这一圈"音乐家"之中，然后仔细观察在乐器变换时游戏者们的动作。他需要在三次机会内找出乐队指挥。然后游戏重新开始。

116

1、2、3，太阳出来了！

游戏可以选择在一条没有任何障碍物的走廊中进行，游戏者面向一堵墙，光着脚进行游戏。其中一个游戏者被选做"太阳"，而其他人需要在不被看到移动的情况下到达"太阳"的领地。"太阳"转过身，面对墙壁站立。其他人在远处站成一排，然后悄悄地在不被发现的情况下慢慢接近"太阳"。当"太阳"说："1、2、3，太阳出来了！"其他游戏者必须立刻停下动作。如果有谁被"太阳"发现正在移动的话，则需要回到原点重新开始。当有游戏者顺利到达"太阳"的地盘时，要拍一下墙然后说："太阳出来了！"这时候，其他人要悄悄溜走！

沉默之王

"请沉默之王登上宝座！"

将一间房间清理干净，所有参加游戏的孩子都集中于此，房间里只摆放一把椅子，选出一个游戏者坐在上边，被蒙上双眼，作为国王。然后在他身后藏一件"宝贝"，比如一串你永远想不起来放在哪里的钥匙！其他游戏者要悄悄地靠近，然后拿走"宝贝"。

117

·如果国王听到任何的声音，就会用手指向声音传来的方向，被发现的游戏者便要退回起点。
·如果在5分钟内，没有任何一位游戏者能成功偷走"宝贝"，那么国王将获得游戏的胜利。

咖啡馆小哥

记忆力和肌肉一样，都需要不停地运转。这个小游戏会证明这一点。

咖啡馆小哥在很多客人同时点单的时候，能准确记住每一位顾客的要求，这件事总是让我们感到惊讶。一个游戏者扮演咖啡馆小哥的角色，其他人则模仿客人，围坐在一张桌前，并开始讨论一些话题，比如城市自行车赛的排名。在不完全打断大家讨论的情况下，咖啡馆小哥要完成"点单"。

一张纸能变出多少花样？

在这里，我们要再一次证明开心的玩耍并不一定需要花费多少钱。如果您在给孩子们介绍这些小游戏时稍微夸张一点儿，那么会起到意想不到的效果。

新颖而美丽的"乔木"

人数：8岁以上
材料：五颜六色的杂志
纸、胶棒、皮筋
工具：剪刀

将三张纸分别横着裁成两半，然后纵向首尾相连地粘在一起，形成一条纸带。

将纸带卷好，并用橡皮筋系紧。然后用剪子将纸卷剪开四瓣，直到皮筋处。将中间的部分向上提起，就形成了一棵"乔木"。您可以用不同大小、不同图案的纸来制作一片乔木森林！

莫比乌斯带

人数：8岁以上
材料：1大张报纸、1支铅笔、
1卷透明胶带
工具：1把剪刀

用报纸剪出一条纸带(2.5厘米 × 70厘米)，围成一个环，然后用透明胶带粘好。现在，挑战来了："要如何用一支铅笔来证明这条纸带只有一面？"在纸带的中间画一个叉，然后从这个叉开始，沿着纸带画线，最终你又回到了这个叉的位置！这条纸带真的只有一个面。

窍门：在把纸带粘成纸环的时候，要将纸带的两端一正一反地拧着粘在一起。如果您沿着铅笔线将这个纸环剪开，会发生什么呢？试试看吧！

年龄：6岁以上
材料：1张纸
工具：剪刀、1把分米尺

哨子

先剪出一条21厘米×5厘米的纸带，对折，然后按照右图所示裁剪出一个T恤衫的形状，再折叠一下，就完成了。将它用食指和中指水平拿好，但不要捏得太紧，然后放在唇边，使劲吹！

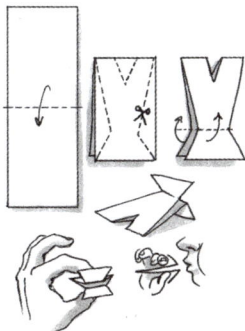

年龄：7岁以上
材料：几张A5的纸
工具：剪刀、1把分米尺、
　　　彩色铅笔

简易直升机

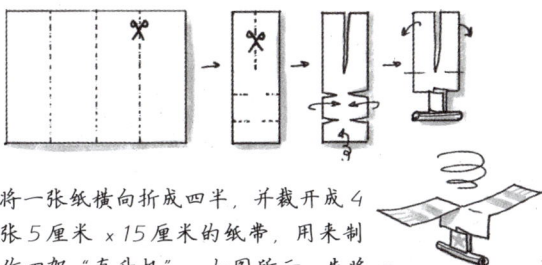

将一张纸横向折成四半，并裁开成4张5厘米×15厘米的纸带，用来制作四架"直升机"。如图所示，先将一条纸带竖着对折，保留折线，然后打开，再将纸带下部折叠两次，并保留折线。沿着折线横向剪出切口，将最下边的一部分向上卷起，作为压舱物；再将中间的部分竖着折叠起来；然后沿着折线从上向下将纸带剪开大约2/3的长度。将两瓣扇叶分别折向两侧。让它自由落下：看，它会旋转呢！

一个正方形变成五个

"只用一把剪刀，要怎么才能把一张正方形的纸裁剪成5个大小相等的小正方形呢？"

窍门： 将纸折成四等份，保留折线，然后打开；再将它沿着AE和DH折叠，然后打开；再将它沿着BF和CG折叠，然后打开。一个新的正方形就出现在纸的中央。用剪刀将纸沿着右图中标记好的虚线剪开，您就得到了一个完整的正方形，而剩下的部分拼起来正好也是四个完整的正方形。

年龄：8岁以上
材料：1张正方形的纸
工具：1把剪刀

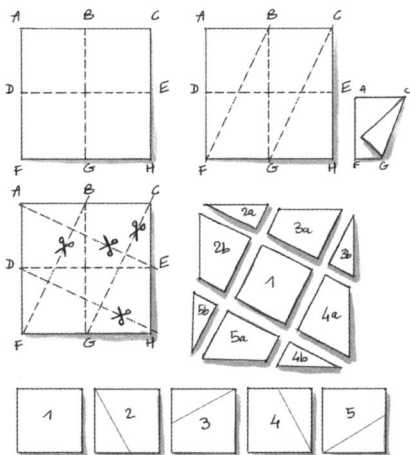

从一张纸中穿过

年龄：7岁以上
材料：1张结实的A5尺寸的纸
工具：1把剪刀

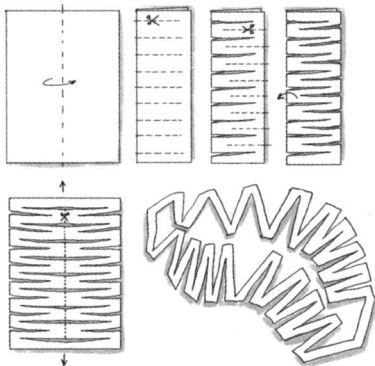

"只借助一把剪刀，您能从一张纸的中间穿过去吗？"

将纸竖着对折一下，将折痕线对着自己，在距离纸的上侧边缘2厘米的地方用剪刀剪开一个开口，开口的长度直到距离纸边2厘米的位置。然后在不打开纸的情况下将折纸翻转过来，在另一侧距离刚刚剪开的开口1厘米的位置反向剪一条开口，长度也是直到距离纸边2厘米的位置。然后按照这个方法由上到下重复上述的裁剪动作。都剪好后，将纸打开，沿着中间的折线纵向剪开，但注意不要把两边的两条纸带剪断。接下来，将剪好的纸轻轻拉开，形成一个"纸环"。然后，您就可以从中间穿过去了。

掏出纸和铅笔，开始玩游戏了！

只需要一张方格纸和几支不同颜色的铅笔，就可以来玩这些讲究战略的小游戏了。每到学年结束，总会有一些本子还没有完全用完，这些纸用来玩五子棋再合适不过了！

120

五子棋

年龄：7 岁以上
人数：2 个人
材料：1 张方格纸
工具：2 支不同颜色的
铅笔

这个游戏的法语名字其实是来自于某个学生用语，不过这并不重要，大家还是更了解它的另一个名字，那就是五子棋。

在纸上框出一块 15 格 ×15 格的正方形作为棋盘。两个游戏者交替落子，一个人的棋子用小叉表示，另一个则用小圆圈。如果谁能率先在棋盘上沿横向、纵向或对角线使自己的 5 颗棋子连成一条线，谁就获得一分。要想赢得比赛，一方面需要用自己的棋子来阻断对手的线路，另一方面则要给自己留出更多的直线空行。

单人五子棋

年龄：7 岁以上
材料：1 张方格纸
工具：1 支铅笔

这个游戏的目标就是通过独自游戏，一方面从打败自己中获得乐趣，另一方面也在和其他对手下棋之前提高自己的战术。这个游戏的规则就是在规定的棋盘上得到更多的分数。在一张方格纸上先画出一个由 36 个点组成的十字。然后以此为基础，在横向、纵向和对角线上一个点一个点地继续延伸，每 5 个点连成一条直线，并用铅笔连结在一起。数一数最终得到了多少条直线，然后再开始下一局游戏。

填满整张纸

年龄：7岁以上
人数：2人
材料：1张方格纸工具：
2支颜色不同的
铅笔

这一次，除了纸的边缘之外没有其他的界限！两个游戏者分别选择"叉"或"圆圈"作为自己的棋子，然后抽签决定谁先开始。每个人每次在方格纸的横竖线任意交叉点上画一颗"棋子"，直到最终把整张纸填满。连续的5颗棋子可以连成一条线，但每颗棋子只能被使用一次，且所有的线不能有所交叉！在游戏结束时，谁在纸上画的线最多，谁就是获胜者。

绞刑犯的救赎

年龄：7岁以上
人数：2个人
道具：纸和铅笔

"刽子手"为他的"犯人"选择一个他认识的单词，但不会告诉他具体是什么，而只是写下单词的第一个和最后一个字母，其他位置用横线代替。但选择单词的时候要尽可能避免有多种答案的可能。"犯人"的目标就是在"刽子手"搭好"绞架"之前准确说出这个单词。

这个游戏一共11局，每一局的主题都并不会很奇怪、很可笑，但孩子们还是会玩得津津有味！

殊途同归

年龄：7岁以上
人数：3个人
道具：1张方格纸和3
支铅笔

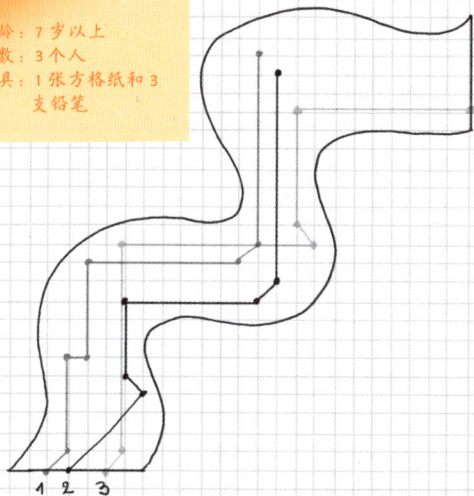

1 2 3

先在整张方格纸上画一个不规则的图形作为"赛道"，然后设定好起点和终点，但所占的宽度都要比参加游戏的人数多出2到3个格子。游戏者在赛道上以线段的方式前进，不过，必须先在任意方向移动一格之后，才能垂直行进，而斜线行进也必须穿过格子的两个相对的角。在游戏过程中不能碰到赛道的边缘！

点格棋

年龄：6岁以上
人数：2个人
道具：1张方格纸和2
支铅笔（1支蓝
色和1支红色）

这个游戏的规则就是：在每个轮次，游戏者都会在方格纸上画一条线，用这些线组成一个个小正方形。最终看谁组成的小正方形最多，谁就是获胜者。当游戏者完成一个小正方形之后，就可以继续开始画下一个小正方形。

1. 在方格纸上画出一个边长为10个格子的正方形棋盘（或者自己定义一个边长）。

2. 在每个轮次，每个游戏者要沿着纸上小方格的一条边来画线。

3. 完成一个小正方形，就获得1分。他用自己名字的首字母作为标记，记录在格子里，然后继续游戏。

获胜者就是最终完成小正方形的数量最多的那个人。

机灵鬼的经验：如果从靠着棋盘边的格子开始，那么只需要再画三条线就可以完成一个小正方形，而如果是从棋盘的角落开始，则只需要再画两条线……

你来说，我来猜！

一起聊聊自己、聊聊过去和现在的生活，这样能够增进您和孩子们之间的相互了解。而这些画像游戏能够为你们之间开启一些全新的问题，这些问题往往没那么正式，更加出其不意、更加率真，甚至更加具有哲学性！

年龄：6岁以上
人数：4个或更多
道具：纸板、别针（每个游戏者人手一个）、铅笔

我是谁？

1. 游戏的规则就是猜出其他游戏者给您安排的身份是谁。将纸板裁剪成纸牌大小的小卡片，数量要略多于参加游戏的人数。在游戏开始前，您需要悄悄在每张卡片上写下一个周围人物的名字，这些人都是参加游戏的人互相认识的。

比如：学校旁边的面包店老板、幼儿园园长、维持交通秩序的阿姨、书店老板、负责打针的阿姨、卖报纸的商贩、餐厅的阿姨、牙医，汽车修理工、理发师、保姆、柔道教练、周六早上在市场外演出的音乐家……但您需要写下他们的真实姓氏或名字！

2. 发给每个游戏者一张卡片和一枚别针，让他们每个人把卡片别在另一个人的背后，不让他看到卡片上的名字。

3. 游戏者在房间里自由走动，通过向其他人提问的方式，来猜出自己的身份。不过大家在回答问题的时候只能够回答"是"或者"不是"。年龄稍大的孩子可以帮助那些不太识字的小孩子一起来玩。

祖孙间的对话

年龄：6岁以上
人数：4人

1. 游戏的目的就是让参与游戏的人猜出一个认识的人的名字。爷爷和其中一个孩子作为出题人，他们要事先选择一个其他游戏者都认识的人出来，但不会告诉他们这个人的名字。爷爷还要准备一些其他人物作为备选。

2. 祖孙俩在其他游戏者面前一起谈论这个人的行为、特点，就好像他们刚刚碰到过这个人似的。当有人认为自己猜到了的时候，就要趴到爷爷耳边，小声把自己的猜测说出来。如果答案正确，那么猜对的人就可以站在爷爷身边成为新的出题人。

3. 祖孙俩的对话要显得自然，不要一下子就把很明显的信息透露给其他游戏者。尤其要小心的是，千万不要让这个人的名字顺嘴溜出来！不过我们可以明确这个人的大致身份：活着的人？故去的人？创造出来的人？真实存在的人？爷爷家里的亲戚？或是奶奶的亲戚？

如果他是……

年龄：10岁以上
人数：2人以上
道具：纸和铅笔

这个游戏的目的是让大家通过比较来猜出某个人物。为了让大家更好地理解规则，爷爷可以先给出一个人物的名字，然后孩子们一起来做对比，每句话都要以"如果他是……"开始。

以圣诞老人为例："如果他是……"一种颜色？红色；一样东西？一个铃铛；一个季节？冬天；一种动物？驯鹿；一部电影？《没用的圣诞老人》；一个职业？邮递员；最喜欢的数字？25。

变化：

可以让每个游戏者写下自己的特征，然后再写下另一个游戏者的特征。问题都是一样的，但答案却可以更长而且更有个性化。最后大家可以一起来分享答案，然后再进行讨论。

"如果我是……如果你是……"

1. 最动听的歌曲。
2. 一部让你落泪的电影。
3. 一位"不曾故去"的艺术家。
4. 一天中最美好的时刻。
5. 假期中最愉快的一天。
6. 最令你激动不已的体育成就。
7. 你认为最美的单词。
8. 最粗俗的话语。
9. 你最喜欢的交通工具。
10. 一生中最美好的时光。

回答问题的时间

"爸爸妈妈总是没有时间来回答我的问题。正因如此，上帝才创造了爷爷奶奶！而且，他们懂得好多事情，很多都是发生在我小时候甚至更早的时候……"

确定谁先谁后的法宝

孩子们对于自己是否得到了公平待遇的问题一向都十分敏感，尤其是在家里！这些游戏就给他们提供了一个捍卫自己在家中地位的机会，但这一切只是游戏。

年龄：4岁以上
人数：至少2人
道具：木质牙签或草秆、剪刀

最短的草秆

这个游戏的目的，就是要从一群孩子中选出一个人。剪出与参加游戏的人数相同数量的草秆（"下次要用我的纸莎草的时候，请先征得我的允许好吗？），不过每一根的长度都要有所不同，而且最长的一根也不要超过游戏组织者的手掌长度。组织者拿好这一把草秆，但要把他们的其中一端藏在手心里。每个游戏者轮流抽出一根草秆，抽到最短一根的那个人就是被选中的人。

脚对脚

年龄：4岁以上
人数：至少2人

两名游戏者右手相握，然后松开手，同时奋力向后各跳一大步。两人依次向对方行进，但每一步都要与前一步相接：脚尖对脚跟，脚跟对脚尖。最终看谁能够先踩到对方的鞋子，谁就是获胜者。如果两人最终正好脚尖对顶在一起，则要重新开始游戏。

正面还是背面

年龄：7岁以上
人数：2名游戏者和1名裁判

在这个游戏里，最终胜负是靠运气来判定的。将一枚硬币抛向空中，然后打赌硬币在落地后哪一面朝上。硬币在空中旋转，然后落地，接着便会停下来。裁判将硬币捡起，平放在另一只手上，然后判定结果。

124

剪刀石头布

年龄：4岁以上
人数：2人

这个游戏有各种不同叫法，但最大众化的名字就是剪刀石头布 。

这是一个两人一决输赢的游戏。两名游戏者面对面站立，手背在身后。两个人一同数到三，然后一同伸出右手。此时，右手只能是三个固定姿势中的一种（握紧拳头，叫作石头；手掌伸开，叫作布；食指和中指摆出 V 字形，叫作剪刀）。赢了的人得 1 分。布可以赢石头，因为它可以把石头包裹住；石头可以赢剪刀，因为可以把剪刀崩断；剪刀可以赢布，因为可以把布剪开。当两个人做出同一个手势的时候，为平手，谁都不得分。

划拳

虽然"划拳"在法语中的发音和"爱情"相同，但这并不是一个与爱有关的文字游戏，而是一种在罗马时期就出现了的游戏。它的名字是从古代流传至今的。直到现在，科西嘉人仍然把它作为一个比赛项目！

两个游戏者面对面站立，右拳握紧放在胸前。当游戏开始的时候，两个人要瞬间把手张开，并随机伸出 1 到 5 根手指，同时嘴里喊出一个 1 到 10 之间的数字。如果谁猜对了两个人一共伸出的手指数之和（在 2 到 10 之间），谁就获得 1 分。每局游戏一共 5 分。

大自然的贝雷游戏

将参与者分成两队，并给每个队员都设一个编号。在中间放上十多种来自大自然的不同东西：让两队的队员分别站在桌布的两侧，且都距离桌布 20 米远。"请找到常春藤的叶子，这个任务我要请两队的——8 号选手来完成！"听到指令后，两队的 8 号选手快速跑向中间。第一个拿到叶片并跑回本方营地，而没有被对方抓到的，记一分。当所有东西都被双方成功拿走之后，就可以计算分数并宣布结果啦！

水井

因为"水井"（将其余四指和拇指围成一个圈）的出现，这个游戏的规则要比剪刀石头布更为复杂。在这几种不同手势之中，有着不同的相生相克的关系，每一种手势都可能会拥有一到两个克星。

剪刀会输给水井，因为可能掉下去；也会输给石头，因为会被崩断；但可以战胜布，因为能剪开它。
布会输给剪刀，因为会被剪开；但可以战胜石头，因为能包裹住它；也能战胜水井，因为能盖住它。
石头会输给布，因为会被包裹住；也会输给水井，因为会掉进去；但可以战胜剪刀，因为可以把它崩断。
水井会输给布，因为会被盖住；但会战胜石头和剪刀，因为它们会掉进井里。

细心的观察者已经发现了，布和水井的获胜几率会更高……不过，嘘！

配对游戏

跟贝雷游戏差不多，不过这次要选择那些两两一对的物品：比如某种植物的叶子和果实。将这两部分中的一半放在桌布上，另一半则放在一边。

拿出其中一个物品，然后选择一对队员：他们要找到桌布上与这样物品配对的东西。

棋盘上的滚珠游戏

当其他人离得都不远的时候，一个人在自己的角落里玩耍也并不是坏事！当您了解了滚珠游戏的规则之后，就可以制作一个棋盘来进行其他游戏了。

传统的滚珠游戏

年龄：7岁以上
道具：1张方格纸、1支铅笔和32颗一样的棋子（纽扣或弹珠都可以）

这个游戏的目的就是将所有棋子都消灭掉，只剩下一颗！

在一张纸上画出一个设有33个位置的棋盘（具体样式见下一页的配图），然后在上边摆放32颗棋子，只留下中间一个空白位置。游戏者要使用棋子进行纵向或横向的隔子跳跃，只要相隔的位置是空的。而被跳过的棋子就会被从棋盘中拿走。当棋盘上只剩下一颗棋子的时候，游戏者就获胜了。所以，一定要小心不要让某些棋子被孤立起来，因为那样就变成死棋了。这个游戏还有个升级版：就是让最后剩下的一颗棋子正好出现在棋盘正中间的位置。

如果是用纽扣作为棋子的话，可以用铁丝把它们串起来，以免遗失。

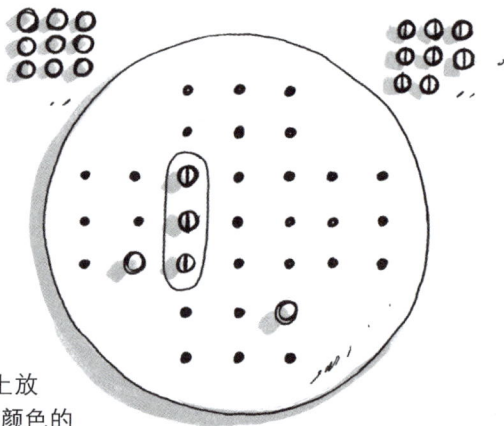

年龄：7岁以上
人数：2名
道具：一张棋盘和每人11颗棋子（两人的棋子颜色要有所不同）

游戏的目的是将对手所有棋子都吃掉。

游戏者通过抽签决定谁先开始，游戏整体分为两个阶段。

最开始棋盘是空的，每个人轮流每次在棋盘上放上一颗棋子，但不允许在同一条线上出现两颗相同颜色的棋子（也就是同一个人的棋子）。

当所有棋子都摆放在棋盘上之后，就可以横向或纵向移动棋子了。当三颗本方的棋子成一排的时候，就形成一只羚羊。然后就可以吃掉对手的任意一颗棋子，使它从棋盘上消失。

谁先把对方的所有棋子都吃完，谁就是获胜者。

制作一个滚珠游戏的棋盘

年龄：8 岁以上
材料：1 千克咸面团、2 种颜色
鲜艳的颜料、无色的清漆、
游戏用的弹珠
工具：1 根擀面杖、1 个大平底
盘、1 把小刀、1 把直尺、
任意工具的直径为 1 厘米
的圆柄、1 根粗画笔

将面团用擀面杖擀成 2.5 厘米厚的面饼，面积要略大于您所选择的平底盘。然后将平底盘扣在面饼上，沿着它的边缘把多余的部分切掉。用尺子和铅笔在面饼上画出 36 个小方格，每个格子的边长为 2.5 厘米。轻轻画上线（这些线随后会被擦掉）。分别将每个角上的 4 个格子擦掉，这样在面饼上还剩下 20 个格子和 33 个交叉点（如前一页图片所示）。用铅笔尖在 33 个交叉点扎出痕迹，再用工具的圆柄在每个点上戳一个小孔。用一块湿布将面饼表面抹平，然后晾干，再用小火蒸熟。将所有的小孔刷成一种颜色，而面饼的其他部分刷成另一种颜色。再在整体表面刷一层清漆，起保护作用，这样一个棋盘就做好了。

狐狸与鹅

年龄：7 岁以上
人数：2 人
道具：1 张棋盘、17 颗同一颜色的
弹珠（作为鹅）、1 颗不同
颜色的弹珠（作为吃鹅的狐
狸。在游戏中，鹅的目标是
把狐狸包围起来）

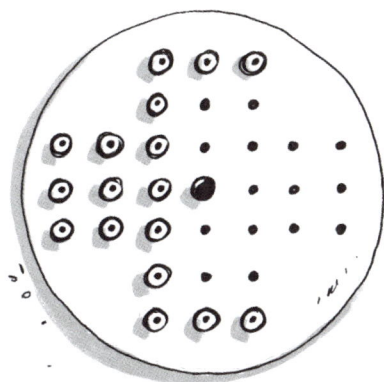

两个游戏者通过抽签决定谁来当狐狸。将所有弹珠按照右图所示的图案摆放在棋盘上。每个人轮流进行游戏。鹅的守护人先开始，将任意一颗棋子挪动到相邻的空白位置上。鹅可以向前或向左右移动，但不能后退，也不能沿斜线移动。狐狸则可以向任何方向移动。当狐狸从鹅的上面跳过的时候，这只鹅就被吃掉了，然后便会被移出棋盘。鹅不能吃掉狐狸，但可以把它围困在角落里。

为了使游戏的效果更好，您可以用一颗带壳的核桃来取代弹珠作为狐狸，而且您还可以在表面上稍加勾画，这样，这只"狐狸"就更加栩栩如生了。

索引

适合不同年龄的活动

4-5岁以上的孩子

这个年龄的孩子能够通过感官去观察，发现一些语言类或手部动作的小游戏的乐趣，从中感受到爱的力量。

6岁以上的孩子

在这个时期，孩子们可以完成简单的手工创作，喜欢做游戏，喜欢分享，而且已经可以领略到一些身体的奥秘了。对于他们来说，可选的活动有很多！

7岁以上的孩子

孩子们开始喜欢一些创意性的娱乐活动和一些真正的手工创作了！

8-9岁以上的孩子

孩子们对于手工制作越来越感兴趣了，但同时他们也爱上了装饰绘画和互动游戏！

图书在版编目(CIP)数据

快来帮帮我,我们要做游戏了! / (法)皮埃尔·勒卡姆著;时征译. —— 北京:北京联合出版公司,2017.11
ISBN 978-7-5596-1112-3

Ⅰ. ①快… Ⅱ. ①皮… ②时… Ⅲ. ①游戏－基本知识 Ⅳ. ①G898

中国版本图书馆CIP数据核字(2017)第255110号

Originally published in France as :
Au secours ! mes petits-enfants débarquent ! : Jeux et activités à la maison by Pierre Lecarme. Illustrated by PrincessH et Titwane.
© 2016, Éditions Plume de carotte (France)
Current Chinese translation rights arranged through Divas International, Paris
巴黎迪法国际版权代理 (www.divas-books.com)
北京市版权局著作权合同登记号 图字:01-2017-7600号

快来帮帮我,我们要做游戏了!

著　　者:[法]皮埃尔·勒卡姆
译　　者:时　征
总 策 划:陈沂欢
策划编辑:乔　琦
特约编辑:杨朝旭
责任编辑:管　文
营销编辑:李　苗
装帧设计:王喜华
制　　版:北京美光设计制版有限公司

北京联合出版公司出版
(北京市西城区德外大街83号楼9层　100088)
北京联合天畅发行公司发行
北京华联印刷有限公司印刷　新华书店经销
字数:130千字　710毫米×1000毫米　1/16　印张:8.5
2017年11月第1版　2017年11月第1次印刷
ISBN 978-7-5596-1112-3
定价:68.00元

未经许可,不得以任何方式复制或抄袭本书部分或全部内容
版权所有,侵权必究
如发现图书质量问题,可联系调换。质量投诉电话:010-68210805 / 64243832